国家电网
STATE GRID

国网能源研究院有限公司
STATE GRID ENERGY RESEARCH INSTITUTE CO., LTD.

U0563915

2023

中国能源电力发展展望

国网能源研究院有限公司　著

中国电力出版社
CHINA ELECTRIC POWER PRESS

图书在版编目（CIP）数据

中国能源电力发展展望. 2023 / 国网能源研究院有限公司著. — 北京：中国电力出版社，2024.3
ISBN 978-7-5198-8685-1

Ⅰ.①中… Ⅱ.①国… Ⅲ.①能源发展－研究－中国－ 2023 ②电力发展－研究－中国－ 2023 Ⅳ.① F426.2
② F426.61

中国国家版本馆 CIP 数据核字（2024）第 045284 号

审图号：GS 京（2024）0476 号

出版发行：中国电力出版社
地　　址：北京市东城区北京站西街 19 号（邮政编码 100005）
网　　址：http://www.cepp.sgcc.com.cn
责任编辑：刘汝青（010-63412382）
责任校对：黄　蓓　李　楠
装帧设计：张俊霞　永诚天地
责任印制：吴　迪

印　　刷：三河市万龙印装有限公司
版　　次：2024 年 3 月第一版
印　　次：2024 年 3 月北京第一次印刷
开　　本：889 毫米 ×1194 毫米　16 开本
印　　张：7.5
字　　数：157 千字
印　　数：0001－1800 册
定　　价：228.00 元

声　明

一、本报告著作权归国网能源研究院有限公司单独所有。如基于商业目的需要使用本报告中的信息（包括报告全部或部分内容），应经书面许可。

二、本报告中部分文字和数据采集于公开信息，相关权利为原著者所有，如对相关文献和信息的解读有不足、不妥或理解错误之处，敬请原著者随时指正。

国网能源研究院有限公司
2023 年度分析报告系列丛书

编委会

主　　任　欧阳昌裕

委　　员　王广辉　柴高峰　李伟阳　王耀华　李　健　单葆国

董力通　蒋莉萍　郑厚清　马　莉　魏　哲　鲁　刚

郑海峰　韩新阳　李琼慧　张　勇　李成仁　代红才

《中国能源电力发展展望 2023》

编写组

负 责 人　冯君淑

编写人员　伍声宇　吕梦璇　吴　聪　陈海涛　张成龙　夏　鹏

张富强　龚一莼　罗莎莎　吴姗姗　刘　俊　元　博

傅观君　张晋芳　孙广增　王炳强　郭健翔　孔佳洁

审核人员　鲁　刚　伍声宇　郭健翔　王炳强　刘　俊

指导专家　鲁　刚　刘　俊

序　言

FOREWORD

经过一年来的艰辛探索和不懈努力，国网能源研究院有限公司（简称国网能源院）遵循智库本质规律，思想建院、理论强院，更加坚定地踏上建设世界一流高端智库的新征程。百年变局，复兴伟业，使能源安全成为须臾不可忽视的"国之大者"，能源智库需要给出思想进取的回应、理论进步的响应。因此，对已经形成的年度分析报告系列，谋划做出了一些创新的改变，力争让智库的价值贡献更有辨识度。

在 2023 年度分析报告的选题策划上，立足转型，把握大势，围绕碳达峰碳中和路径、新型能源体系、电力供需、电源发展、新能源发电、电力市场化改革等重点领域深化研究，围绕世界 500 强电力企业、能源电力企业数字化转型等特色领域深度解析。国网能源院以"真研究问题"的态度，努力"研究真问题"。我们的期望是真诚的，不求四平八稳地泛泛而谈，虽以一家之言，但求激发业界共同思考，在一些判断和结论上，一定有不成熟之处。对此，所有参与报告研究编写的研究者，没有对鲜明的看法做模糊圆滑的处理，我们对批评指正的期待同样是真诚的。

在我国能源发展面临严峻复杂内外部形势的关键时刻，国网能源院对"能源的饭碗必须端在自己手里"，充满刻骨铭心的忧患意识和前所未有的责任感，为中国能源事业当好思想先锋，是智库走出认知"舒适区"的勇敢担当。我们深知，"积力之所举，则无不胜也；众智之所为，则无不成也。"国网能源院愿与更多志同道合的有志之士，共同完成中国能源革命这份"国之大者"的答卷。

国网能源研究院有限公司

2023 年 12 月

前 言

PREFACE

自 2020 年习近平总书记郑重宣布我国"二氧化碳排放力争于 2030 年前达到峰值，努力争取 2060 年前实现碳中和"以来，无论是"力争"还是"努力争取"，都已经在广泛而深刻地影响着我国发展的历史进程。从迄今为止的实践可以观察到，党中央国务院对"双碳"目标的顶层设计是清晰且明确的，但在方方面面的具体落实中，对于达成这一目标的路径和方式、节奏和力度以及局部和全局等诸多辩证考量尚未形成共识，这也造成了"碳冲锋"、运动式"减碳"等脱离实际的现象时有发生。

因此，研究团队在进行《中国能源电力发展展望 2023》报告的谋篇布局时，一致认为，与其泛泛而谈、机械罗列，不如继续彻底地抓住"双碳"这个牵一发而动全身的主线，并在同时出版的《中国能源电力碳达峰碳中和路径与重大问题分析 2023》基础上，继续精耕细作、追根溯源，与国家治理的空间格局相适应，与区域重大战略相协调，聚焦区域"双碳"场景开展研究。这对于用"中国能源电力发展展望"作为本报告的主题，会让满怀期待的读者有所失落，但我们坚持所要真诚表达的是，中国能源电力并不缺乏宏大场景的百花齐放、百家争鸣，真正缺乏的是直面已经无法回避的能源战略对利益格局的重大影响。这是一个极其复杂的问题，研究团队现在努力做到的是，客观呈现"双碳"目标影响下的，无论区域内还是区域间，以及在这些作用下的最终全国的区域电力"双碳"博弈场景。

面对这样的研究努力，研究团队一直承受着比较大的压力，中间不免有退回到"大而全"舒适区的想法。但在智库同事和不少专家热情的支持和鼓励下，我们还是按照这样的研究方向与方法走了下来。面对仍会有的批评，我们既诚恳接纳，也欣然接受。惟望这样微薄的努力能够引起业界对中国能源电力问题更多长远的思考，眼光向下、重心下沉，有更强的力量去解决一个又一个现实且紧迫的问题。可以相信的是，在这样的氛围里，我们也会再接再厉。

最后，借此机会，向所有给予我们指导的专家致以诚挚的谢意。为此，我们今年将专门开列一份致谢名单，郑重地列在本报告的结尾处。这份名单在未来会越来越长，会有更多志同道合的同行和我们一起，共同完成中国能源电力发展的时代答卷。

著者

2023 年 12 月

目　录

CONTENTS

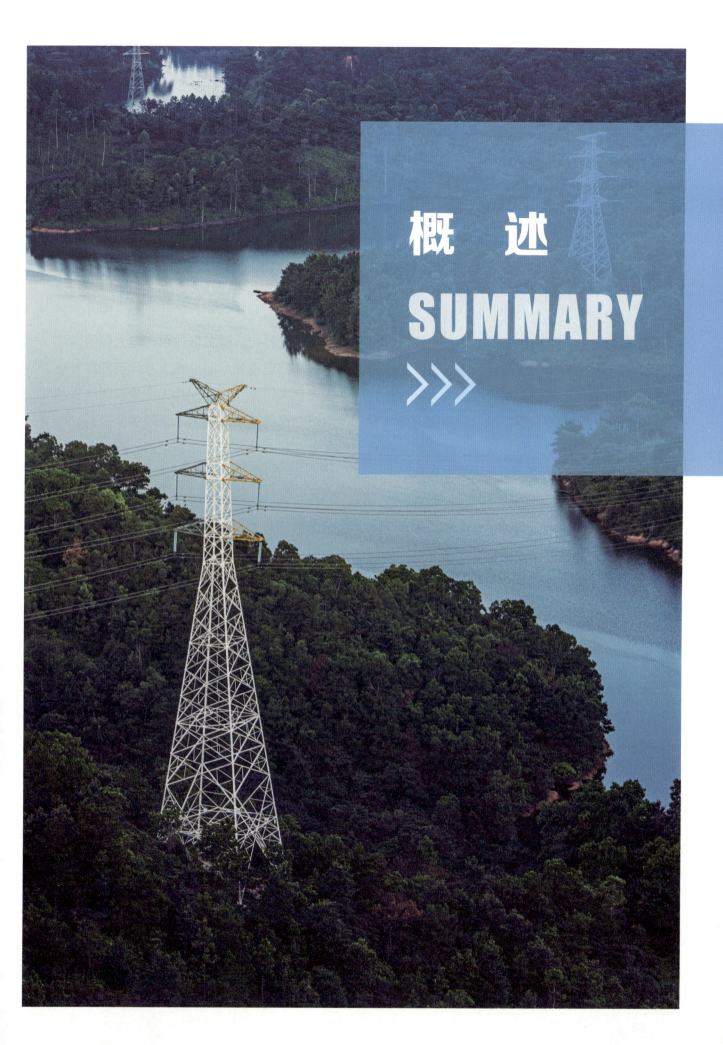

概　述
SUMMARY
>>>

能源电力是实现"双碳"目标的主战场、主力军，其发展必须放在国家碳达峰碳中和大局中进行谋划。因此，本报告聚焦一个"主线"与两个"分解"，即全国碳达峰碳中和主线目标在行业间与地区间的分解。本报告以行业间分解为出发点，在全社会碳达峰碳中和中明确能源、电力发展的碳排放发展约束，进行全国能源电力发展展望，提出电力行业碳排放晚达峰有助于更好统筹电力安全供应保障与全社会碳减排进程；以地区间分解为落脚点，统筹优化电力行业地区间碳排放与电力发展布局，进行区域电力发展展望，提出电力分区域梯次碳达峰更有利于促进高质量实现国家区域协调发展。

（一）我国经济中长期增长潜力较大，持续推动能源电力需求刚性增长

（1）我国经济增长仍具有较大潜力。在国家整体碳达峰碳中和战略部署下，绿色低碳、循环发展的经济体系和清洁低碳、安全高效的能源体系要相向而行，实现"双碳"目标不是经济发展的约束，而应该是经济发展的内在动力。总体来看，我国经济具有巨大的发展韧性和潜力，长期向好的基本面没有改变。在国家"两步走"战略安排下，预计我国在人力资本、技术进步、基础设施、消费升级等方面仍有明显增长优势，经济发展具备较大潜力。

（2）能源电力需求仍具有较大增长空间。作为先行工业，在服务支撑好经济社会发展的要求下，能源电力需求仍有较大增长空间。预计2035—2040年间我国一次能源消费总量达到峰值，2035年、2060年能源消费总量分别达到62亿、45亿吨标准煤。

考虑经济增长、能效水平、电气化、气候气温、电制氢、能耗"双控"制度调整等因素，电力需求总量持续增长，增速逐步放缓。预计2035年、2060年全国全社会用电量将达到14.1万亿、16.9万亿千瓦·时。

（二）电力行业碳排放晚达峰有助于更好统筹电力安全供应保障与全社会碳减排进程

电能替代的碳减排效果与电力供给清洁化水平密切相关。当前我国非化石能源发电量占比38.5%，工业、建筑、交通等终端部门电能替代，取得清洁环境效益的同时，会带来全社会综合碳排放的增加；当非化石能源发电量占比超过40%时，终端部门电能替代可适当降低全社会碳排放峰值，但电力行业碳排放增加；当非化石能源发电量占比超过60%时，加快推动终端部门电能替代有助于全社会各部门快速碳减排。

全国电力清洁化水平不断提高，预计非化石能源发电量占比2035年后超过60%。预计新能源从"十五五"时期开始进入高速发展期，年均新增装机规模超过1.5亿千瓦，其中60%以上为太阳能发电；2045年之后，新能源新增规模逐渐下降。同时，传统电源仍需发挥重要的基础性保障作用，预计2030年煤电、气电装机规模分别超过15亿、2亿千瓦。预计2025年全国非化石能源发电量占比超过40%，2030年、2035年分别达到47%、57%左右。

碳达峰前，推动电能替代会增加电力行业本身碳排放，但可促进全社会碳排放峰值降低。从直接碳排放来看，工业部门（含工业过程）能在"十四五"达峰，建筑部门在

2025 年前后达峰，交通部门在 2030 年前达峰，由于这些部门碳排放的压力通过电气化转移到了电力部门，所以电力部门碳排放会在 2030 年以后进入峰值平台期。经过 3~5 年以后，多元化清洁能源供应体系基本形成，新能源对火电更深度替代，电力碳排放也会快速下降。

（三）电力分区域梯次碳达峰更有利于促进高质量实现国家区域协调发展

区域电力协调发展需要坚持先行导向、立足资源禀赋、发挥比较优势。 我国不同区域异质性较大，发展分化明显，统筹优化电力行业地区间碳排放与电力发展布局时，需要结合区域经济发展潜力，发挥好电力对区域经济的基础性先行性支撑作用；需要立足资源禀赋谋划更加多元的区域电力发展路径，从而提升区域电力系统充裕度；需要清洁能源富集地区化清洁能源资源优势为产业优势，促进电力资源布局与产业分布并行发展，以绿色电力发展引导产业布局优化调整。

绿色电力将对区域分工体系和比较优势优化调整产生一定促进影响。 在国家碳达峰碳中和目标下，绿色电力由原有单一的能源属性又叠加了环境属性，会使社会生产整体生产要素条件发生相对变化，带动产业布局进行调整，形成新的区域分工体系，从而各区域发展出新的比较优势。本报告根据这种趋势设置了绿色电力中等影响情景，对多区域电力发展进行优化分析。

电力碳达峰按照东北、东部、西部、中部的先后次序梯次实现。 考虑发展基础、资源禀赋、战略定位等差异，不同区域电力行业碳排放演化路径存在不同。西部、中部等积极承接产业转移的地区，电力需求拥有更大的增长空间，不宜早于全国实现电力碳达峰，其中中部能源资源较为贫瘠，最晚实现电力碳达峰。京津冀、长三角、粤港澳大湾区等引领高质量发展的第一梯队区域，以及东北区域，拥有更加多元化的电力供应结构，不宜晚于全国实现电力碳达峰。

（四）以国家区域重大战略为战略引领点、区域电网为规划统筹点、省级行政区为执行着力点，开展电力展望分析

提升国家区域重大战略的战略引领作用，谋划长三角地区与黄河流域电力发展。长三角地区 电力发展聚焦一体化路径，考虑"江浙沪"与安徽之间的产业转移，预计长三角电力需求仍有较大增长空间，一方面需要大规模开发沿海非化石能源资源，另一方面要在区域内统筹安排煤电、气电等支撑性调节性火电，更重要的是协同推进省市间电力互济，推动内部电网成为疏散区外来电、统筹皖电东送与沿海基地送内陆的资源配置平台。**黄河流域** 聚焦能源资源一体化开发利用，一方面要构建多元清洁能源供应体系，打破黄河流域"倚能倚重"现状，为流域新旧动能转换提供国家清洁能源产业高地建设路径，另一方面也要结合传统能源和新能源融合发展，合理布局煤电和气电发展，保障电力安全供应。

强化区域电网的规划统筹定位，展望华北、华东、华中、东北、西北、西南、南方区域的电力发展路径。华北区域 充分利用自身非化石能源，山西的区域内部送端属性减弱，华北区域整体受端特征更明显。**华东区**

域充分发挥非化石能源和新模式新业态参与平衡的作用，由安徽以煤电为主的皖电东送转向福建以非化石能源为主的闽电北送，通过区域特高压环网实现省间互济支撑。**华中区域**在全国互联电网中的中枢节点特征更加明显，一方面协调长江流域的西南送端与华东受端的互联互通，另一方面通过跨省跨区互济促进"两湖一江"的保供与转型。**东北区域**在东北振兴的发展预期和民生供暖的刚性需求下，考虑统筹好自用与外送，近中期仍具有送电华北的能力。**西北区域**作为我国资源开发保障基地与产业转移绿色承接地，多措并举实现高比例新能源电力系统下的本地保供和通道外送，扎实做好全国"清洁动力源"。**西南区域**随着成渝地区成为国家新的增长极，考虑水电易受极端天气影响，通过统筹好两个"西电东送"促进电力安全稳定供应。**南方区域**拥有更加均衡的多元电力供应结构，利用海洋能源优势，更好优化区域内的西电东送。

　　发挥省级行政区的执行着力角色，提出山东、湖南、辽宁、新疆、四川等省区的电力发展施力重点。**山东省**既要充分发挥海洋大省的优势，发展海上风电、核电等清洁能源，也仍需煤电发挥兜底保供的重要作用。**湖南省**发电能源资源相对缺乏，仍需充分发挥煤电基础保供和应急调峰作用，科学规划布局大型清洁煤电，推进现役煤电机组节能升级和灵活性改造。**辽宁省**需充分发挥其电源多元化的优势，积极利用核电和海上风电保障电力供应，同时考虑供热等基本需求，对煤电延寿工作的依赖性较强。**新疆维吾尔自治区**近期处理好煤电、光热、抽水蓄能等支撑性电源的协同和补位关系，远期打造"风光领跑、多元协同"的电源结构，打造"内供、外送、就地转换"为一体的南疆新能源供给消纳体系样板。**四川省**受剩余水电电力电量分配方案影响较大，需要加强自身新能源发电和气电的开发，仍需重视碳捕集、利用与封存（CCUS）技术对碳减排的重要作用。

（撰写人：冯君淑　审核人：鲁刚）

1 >>>

全国能源电力
发展展望

1.1 研究思路

碳达峰碳中和作为国家战略，是当前及今后很长一段时期内我国能源电力最重要的发展目标和约束条件。实现"双碳"目标，能源是主力军，电力是主战场，两者的发展路径关乎国家实现碳达峰碳中和的路径和方式、节奏和力度。考虑行业与行政区仍是国家"双碳"工作的两大关键抓手，在研究"双碳"路径过程中，下沉到行业、地区是必需且必要的。

因此，本报告主要考虑**一个"主线"**与**两个"分解"**，聚焦全国碳达峰碳中和主线目标在行业间与地区间的分解。**以行业间分解为出发点**，在全社会碳达峰碳中和中明确能源、电力发展的碳排放发展约束；**以地区间分解为落脚点**，统筹优化电力行业地区间碳排放与电力发展布局，并针对国家区域重大战略、区域、典型省区进行具体分析。

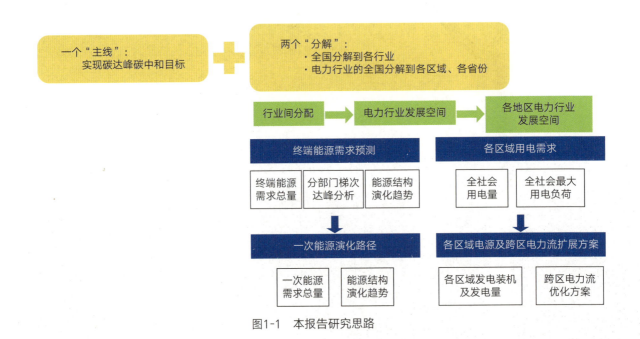

图1-1 本报告研究思路

（本节撰写人：冯君淑 审核人：鲁刚）

1.2 全国能源发展展望

实现"双碳"目标，必须坚持系统观念，统筹不同部门、行业减排时序责任，设计整体最优的全社会转型路径。本节研究

以2060年我国全社会实现碳中和为核心目标，统筹优化能源消费侧与能源供给侧的转型时序关系，综合考虑终端部门产业结构调

整、能源低碳技术进步、自然碳汇水平等要素，构建产业中度调整—能源结构中度调整"双碳"转型情景。情景以 2030 年实现碳达峰、2060 年实现碳中和为重要边界条件，通过能源消费侧节能提效、供给侧多元化清洁供应等措施的优化组合，展望实现"双碳"目标的不同经济社会发展模式和能源转型路径。

1.2.1 能源消费

（一）终端能源消费

从总量来看，我国终端能源消费达峰后稳步下降。2020—2030 年，终端能源消费处于上升达峰期，通过节能管理、采用高效

设备、普及节能技术和改进生产工艺等系列措施，能源效率显著提升，单位 GDP 能耗和单位产品能耗稳步下降。终端能源消费预计在 2030 年前后达峰，峰值为 42 亿吨标准煤。通过煤改气、余热余压再利用以及电炉钢有序应用等系列措施，煤炭消费稳步下降；石油和天然气终端消费依次在 2030 年和 2035 年达峰。**2030—2040 年，终端能源消费进入稳步下降期**，随着产业结构深度调整和能效水平的进一步提升，2040—2055 年间终端能源消费呈现加速下降趋势，2055 年后，产业调整与新旧产能置换进程基本完成，终端能源消费总量趋于平稳，到 2060 年降至 24.7 亿吨标准煤。

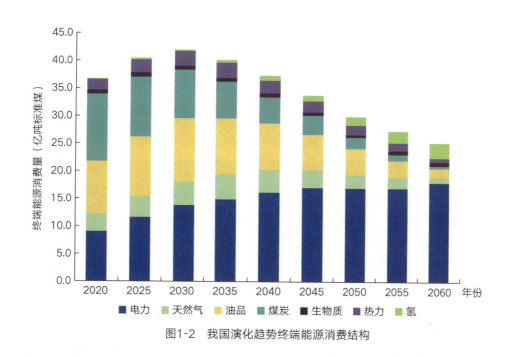

图1-2 我国演化趋势终端能源消费结构

从结构来看，电力逐渐成为终端能源消费的主要载体，终端电气化水平持续提升。 电气化作为重要终端减排手段，2030 年电气化水平超过 32%，2060 年超过 70%。氢能作

为重要的清洁能源，将在 2030 年前后逐渐进入工业和交通领域，随着技术体系逐渐成熟，远期在工业领域应用加速，到 2060 年氢能占终端能源消费的比重有望达到 15%。

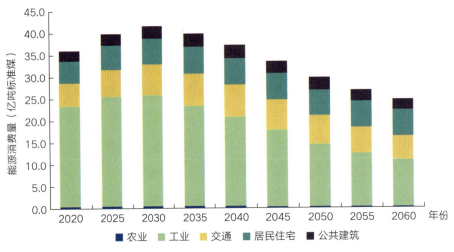

图1-3 我国终端分部门能源消费量

从部门来看，各部门能源消费结构调整步伐加快，工业、交通、建筑部门能源消费梯次达峰，农业部门能源消费呈现缓慢下降趋势。工业部门能源消费 2030 年前后达峰，峰值为 25.8 亿吨标准煤，2030 年后呈现加速下降趋势，2060 年降至 10.8 亿吨标准煤。交通部门能源消费将于 2035 年左右达峰，峰值为 7.3 亿吨标准煤，之后缓慢下降，2060 年降至 5.5 亿吨标准煤。建筑部门能源消费将于 2040 年左右达峰，峰值为 9.3 亿吨标准煤，随着能源效率的进一步调高，2040 年后逐渐下降，2060 年降至 8.6 亿吨标准煤。

（二）一次能源消费

从总量来看，我国一次能源消费总量发展可分为三个时期。上升达峰期，2020—2030 年是我国一次能源消费上升达峰期，预计一次能源消费峰值为 62 亿吨标准煤左右，较 2020 年增长 21.9%。平台期，2030—2035 年一次能源消费进入平台期，消费总量稳定在 62 亿吨标准煤左右。稳步下降期，随着产业深度调整及终端能效的进一步提高，2035 年后一次能源消费稳步下降，2050 年降至 49.4 亿吨标准煤，2060 年降至 45.3 亿吨标准煤。

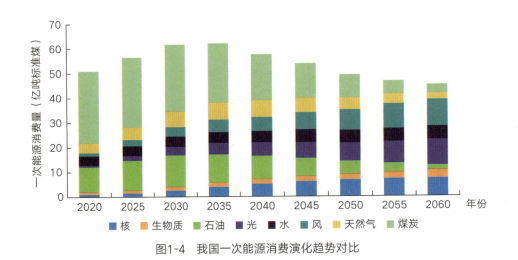

图1-4 我国一次能源消费演化趋势对比

1.2.2　能源结构

化石能源方面，煤油气消费依次达峰并稳步下降。煤炭占比稳步下降，但在我国一次能源结构中仍占据重要地位。煤炭消费已经处于峰值平台期，预计到 2025 年煤炭消费总量为 28.2 亿吨标准煤。电力行业仍然是最大的煤炭消费行业，占煤炭消费总量的 50.0%，其次是制造业，占煤炭消费总量的 31.9%。到 2060 年，煤炭消费总量降至 3.4 亿吨标准煤，占一次能源消费总量的 7.5%，主要用于发电和工业还原剂。**石油**在重工业领域是对煤炭的重要补充，同时是交通部门的主要能源消费品类。近中期内，化工业及

交通业对石油消费仍然呈上升趋势，2030 年前后达峰，峰值为 12.7 亿吨标准煤。2030 年后，随着新能源交通工具加速替代传统燃油交通工具，石油消费稳步下降，到 2060 年，石油消费降至 2.0 亿吨标准煤，占一次能源消费总量的 4.4%。**天然气**是我国能源转型过程中的重要过渡能源品类。在工业和建筑部门，近中期内电力对煤炭替代能力有限的情形下，天然气承担了煤炭的重要替代能源角色。天然气是我国增长最快的化石燃料，到 2035 年前后达峰，峰值为 6.9 亿吨标准煤，占一次能源消费总量的 11.0%。2035 年后，天然气消费逐渐下降，到 2060 年降至 2.7 亿吨标准煤，占一次能源消费总量的 6.0%。

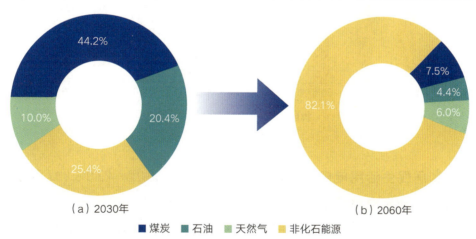

（a）2030年　　　　　　　（b）2060年

■ 煤炭　■ 石油　■ 天然气　■ 非化石能源

图1-5　2030年与2060年的一次能源消费结构

非化石能源消费占比持续提升，多元化清洁能源供应体系逐渐形成，预计 2030 年非化石能源占比提升至 25.4%，2060 年达到 82.1%。水能在 2030 年前是重要的非化石能源品类，占一次能源消费总量的 6.7%，受开发资源禀赋约束，预计到 2060 年水能在一次能源消费总量中的占比提升至 11.7%。**核能**对优化能源供应结构、高效满足能源

消费、保障能源安全具有重要作用，2030 年、2060 年占比分别为 4.1%、16.2% 左右。**风能和太阳能**是增长最快的非化石能源，预计 2030 年、2060 年分别占一次能源消费总量的 12.0%、46.9%。**生物质能**考虑其开发资源潜力，预计到 2030 年，占一次能源消费总量比重达到 2.4%，2060 年达到 7.1%。

（本节撰写人：陈海涛　审核人：伍声宇）

1.3 全国电力发展展望

1.3.1 电力需求

电力需求总量持续增长，增速逐步放缓。 考虑经济增长、能效水平、电气化、气候气温、电制氢、能耗"双控"制度调整等因素，预计2025年、2030年、2035年、2040年、2060年全国全社会用电量将达到10.2万亿、12.3万亿、14.1万亿、15.3万亿、16.9万亿千瓦·时，"十四五""十五五""十六五""十七五"及2040—2060年年均增速分别为6.3%、3.9%、2.7%、1.7%、0.5%。

图1-6 我国2020—2060年全社会用电量需求

第三产业和居民生活用电量占比持续上升，逐渐成为拉动用电量增长的主要力量。 "十四五"前两年新冠疫情影响下第二产业用电量增速快于第三产业，但从中长期来看，随着我国工业化、城镇化进入后期，第二产业用电量占比逐渐下降，预计2025年三次产业与居民生活用电量占全社会用电量的比重分别为1.4%、63.5%、19.1%、16.1%，其中第二产业用电量比重较2020年下降4.7个百分点，第一产业、第三产业、居民生活用电量比重较2020年分别上升0.3、3.0、1.5个百分点。2030年，我国三次产业与居民生活用电量比重分别

为1.4%、59.0%、22.0%、17.6%，其中第二产业用电量比重高于发达国家平均水平（20%～45%），第三产业用电量比重低于发达国家平均水平（30%～35%）。2060年，我国三次产业与居民生活用电量比重分别为1.0%、35.5%、39.4%、24.1%。

最大负荷增速略快于全社会用电量增速。 受产业结构调整、空调与电采暖设备推广、极热极寒天气频发、第三产业与居民负荷对气温更敏感等因素影响下，最大负荷增速高于用电量增速。预计2025年、2030年、2035年、2040年、2060年全国全社会最大负荷分别为16.6亿、20.4亿、23.6亿、

26.1 亿、28.8 亿千瓦，"十四五""十五五""十六五""十七五"及 2040－2060 年年均增速分别为 7.9%、4.2%、2.9%、2.1%、0.5%。

我国人均用电量将超过大部分发达国家当前水平。发达国家均在 20 世纪 90 年代末、21 世纪初进入饱和用电状态。其中，美国、加拿大人均用电量饱和值约为 1.3 万～1.5 万千瓦·时，明显高于其他国家；韩国代表新兴的发达国家，近年来人均用电量水平超过了 1.0 万千瓦·时；日本、德国和法国这一类发达国家，人均用电量的饱和值约为 0.7~0.8 千瓦·时。综合考虑"双碳"、新时代"两步走"等战略目标下经济社会、能源电力发展情况，2030 年、2035年、2050 年、2060 年我国人均用电量分别达到 0.9 万亿、1.0 万亿、1.2 万亿、1.2 万亿千瓦·时。2060 年我国人均用电量高于日本、德国当前水平，低于美国、加拿大当前水平。

1.3.2 电源供应

整体来看，预计 2025 年、2030 年、2035 年、2040 年、2060 年全国电源装机总规模分别达到 33 亿、45 亿、57 亿、68 亿、92 亿千瓦。风电、太阳能发电等新能源在未来电源装机结构中的主体地位越来越明显，预计"十五五"期间新能源装机规模超过煤电；"十六五"期间太阳能发电装机规模超过煤电，成为装机第一大电源。至 2060 年，新能源装机规模占总装机规模比例超过 60%。

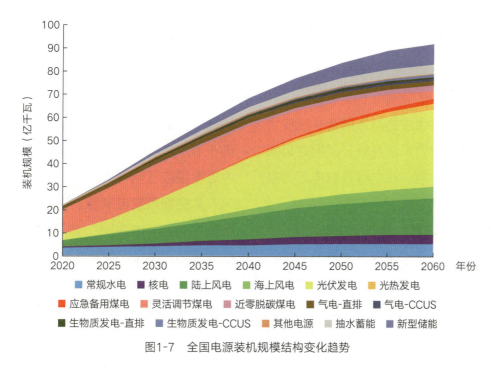

图1-7　全国电源装机规模结构变化趋势

（一）坚持集中式和分布式并举开发利用新能源

从风电来看，随着近期东中部分散式风电资源基本开发完毕，中远期风电开发重心重回西部、北部地区，而海上风电则逐步向远海拓展。预计目前至 2030 年期间，风电年均新增装机容量约 4300 万千瓦，到 2030 年，全国陆上风电与海上风电装机容量分别达到 6.3 亿千瓦与 0.8 亿千瓦。2030 年后，迎来海上风电的规模化投产期，预计 2030—2045 年间，风电年均新增装机容量约 5800 万千瓦，2045 年后逐渐下降，至 2060 年，全国陆上风电与海上风电装机容量分别达到 15.9 亿千瓦与 5.0 亿千瓦。

从太阳能发电来看，近期分布式光伏和沙漠、戈壁、荒漠基地式开发并重。预计 2030 年，全国光伏发电与光热发电装机容量分别达到 11.5 亿千瓦与 1000 万千瓦。中远期，随着东中部分布式光伏开发完毕，包括光热发电在内的太阳能发电基地建设主要在西北、蒙西区域以及其他有条件的区域不断扩大规模。预计 2060 年，全国光伏发电与光热发电装机容量分别达到 33.4 亿千瓦与 2.5 亿千瓦。

（二）持续发挥传统电源的基础性保障作用

我国具有以煤为主的基本国情，在安全充裕的要求下，电力系统在较长时期内仍需持续重视火电、水电、核电等传统电源的基础性保障作用。

从常规水电来看，预计到 2030 年，中东部、四川、云南水电资源基本开发完毕，全国水电装机容量达 4.2 亿千瓦；2030 年后，水电开发全面转向地形复杂、电网基础薄弱的西藏地区，随着"十六五"之后西藏水电逐步投产，全国水电装机逐渐稳定，预计 2060 年全国水电装机容量超 5 亿千瓦。

从核电来看，我国沿海厂址资源可支撑装机 2.4 亿~2.6 亿千瓦（含在运在建项目），内陆厂址资源约 2 亿千瓦。预计 2030 年全国核电装机容量为 1.1 亿千瓦。随着沿海站址资源开发完毕，为了能够实现华中等内陆区域更加经济高效地进行降碳，2030 年后适时启动内陆核电，2060 年全国核电装机容量约 4 亿千瓦。

从煤电来看，近中期，煤电的基础支撑和兜底保障作用不可替代，需要结合电力供需形势变化，规划建设一批保障供电的煤电项目，预计 2030 年，全国煤电装机容量超过 15 亿千瓦。2030 年后，煤电装机容量和发电量稳步下降，将逐渐发展为 CCUS 电力电量型机组、灵活调节机组和应急备用机组三类具有不同功能定位的机组，预计 2060 年煤电装机容量降至 8 亿千瓦左右，其中应急备用煤电、灵活调节煤电、近零脱碳煤电分别为 2.1 亿、3.4 亿、2.5 亿千瓦。

从气电来看，气电度电碳排放约为煤电的一半，灵活调节性能优异，有序发展天然气调峰电源，是实现碳中和目标的现实选择，预计 2030 年气电装机容量将达到 2.0 亿千瓦，2060 年装机容量为 3 亿千瓦，其中近零脱碳气电装机容量为 1 亿千瓦。

从生物质发电来看，生物质能是国际公认的零碳可再生能源，其中，BECCS（生物质能源与碳捕集和封存）作为负减排技术，能够抵消未进行 CCUS 改造的煤电、气电碳排放，助力实现电力行业内部碳中和，但受制于生物质资源潜力约束和发电成本高昂，未来生物质发电规模增长有限，预计 2030 年、2060 年生物质发电装机容量分别为 0.7 亿、1.7 亿千瓦。

（三）形成多元化的系统调节能力供给

电力系统电源侧和负荷侧将发生结构性变化，给电力系统安全运行、电力供应保障和清洁能源消纳带来新的挑战，对系统调节能力提出了更高要求。

从抽水蓄能来看，近期仍是最经济、技术最成熟的储能类型，考虑站址条件与调节需求，预计2030年全国抽水蓄能装机规模达到1.2亿千瓦。2060年，统筹站址条件、保供需求、调峰需求等因素，预计全国抽水蓄能装机规模将达到4亿千瓦。

从新型储能来看，抽水蓄能可开发资源有限，压缩空气储能、飞轮储能、电化学储能、电磁储能、储热和化学储能（氢储能为主）等非抽水蓄能储能可在长周期平衡调节、安全支撑等方面发挥关键作用。中远期，为满足保供和消纳需求，需要推动低成本、高安全、长寿命、可回收新型储能技术发展，新型储能将实现跨越式发展，预计全国2030年、2060年新型储能装机规模将达到1.3亿、8.8亿千瓦。

（本节撰写人：冯君淑、张成龙、夏鹏　审核人：伍声宇）

1.4 全国碳排放结构

（一）电力供给清洁化水平是协调电力碳达峰与其他行业碳达峰时序的关键因素

电能替代的碳减排效果与电力供给清洁化水平密切相关。当前我国非化石能源发电量占比38.5%，工业、建筑、交通等终端部门电能替代、取得清洁环境效益的同时，会带来全社会综合碳排放的增加；当非化石能源发电量占比超过40%时，终端部门电能替代可适当降低全社会碳排放峰值，但电力行业碳排放增加；当非化石能源发电量占比超过60%时，加快推动终端部门电能替代有助于全社会各部门快速碳减排。

碳排放达峰前，全国电力清洁化水平处于40%~60%的水平。新能源从"十五五"时期开始进入高速发展期，年均新增装机规模超过1.5亿千瓦，其中60%以上为太阳能发电；2045年之后，新能源新增规模逐渐下降。预计2025年全国非化石能源发电量占比超过40%，2030年、2035年分别达到47%、57%左右。**因此，碳排放达峰前，推动电能替代会增加电力行业本身碳排放，但可促进全社会碳排放峰值降低。**

（二）我国碳排放2030年左右开始进入峰值平台期，工业、建筑、交通、电力部门碳排放梯次达峰

从全社会来看，碳排放路径可分为上升达峰期、稳步降碳期、加速减碳期、中和期四个阶段：

上升达峰期（2020—2030年）：2020—2030年期间，我国碳排放处于上升达峰期。我国碳排放2030年左右开始进入峰值平台期，峰值为118亿~123亿吨左右。**电力是上升达峰期最主要碳排放增长部门，预计2030年以后进入峰值平台期。**由于2030年

前新增非化石能源发电装机难以安全可靠地满足全部新增电力需求，未来工业、交通、建筑等领域电气化带来用能转移的同时，也将碳排放转移至电力部门。2030 年前电力部门碳排放仍将持续上升，预计碳排放峰值为 42 亿~49 亿吨（不含供热碳排放）。

稳步降碳期（2030—2040 年）：2030—2040 年期间，我国碳排放进入稳步下降期。该阶段，我国工业部门能源结构转型加速，电能替代水平显著提升；交通部门新能源交通工具对传统交通工具的替代速度显著加快，电力供应结构的清洁化步伐加快，

风、光等新能源占比大幅提升。**电力部门碳排放达峰后，经历 3~5 年峰值平台期，之后先慢后快稳步下降。** 电力碳排放达峰后初期，全社会用电需求仍保持年均 1%~2% 的增长速度，新增用电需求基本能够由快速增长的非化石能源发电装机满足，但存量火电发电量短期内难以实现有效替代，该时期内电力碳排放仍将保持较高水平，下降缓慢。之后，随着电力需求增速放缓，新能源加快对存量火电清洁化替代，电力碳排放下降速度加快，预计 2035—2040 年期间电力碳排放年均下降 2 亿吨左右。

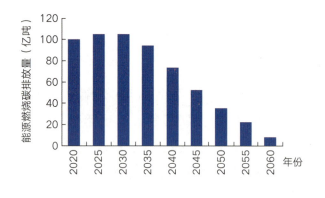

图1-8　我国碳排放趋势与电力行业碳排放趋势对比

加速减碳期（2040—2050 年）：2040—2050 年期间，我国碳排放进入加速下降期。我国工业部门能源结构实现深度优化，具有较高的电气化水平，工艺水平显著提升，碳排放水平较 2035 年下降 56.9%；交通部门新能源车对传统燃油车的替代基本结束，能源结构实现深度清洁化，碳排放水平较 2035 年下降 45.9%。建筑部门绿色建筑广泛布局，电气化水平稳步提升，碳排放水

平较 2035 年下降 34.6%。随着终端部门结构调整基本完成，能效水平显著提升，2045 年前后全社会用电量需求基本饱和，同时电力供应部门多元化清洁能源供应体系基本形成，**电源结构实现深度清洁化，新能源实现对存量火电深度替代，电力碳排放加速下降**，预计 2050 年电力碳排放量降至 15 亿吨，比 2040 年下降约 56.8%。

中和期（2050—2060 年）：2050—2055

年，我国碳减排速度进一步加快，2055—2060 年进入碳中和期，社会经济系统实现净零排放。特别地，工业、交通、建筑等部门仍然无法通过零碳技术完全实现零排放，需要借助自然碳汇助力实现碳中和。到 2060 年，刨除 CCUS 等人工固碳措施的碳吸收量，有 15 亿吨的二氧化碳不得不排放，该部分碳排放需要通过自然碳汇进行消纳。**电力行业通过大力发展非化石能源和 CCUS 技术改造实现净零排放，助力全社会实现碳中和目标。**2060 年电力行业实现净零排放，非化石能源和碳捕集对电力减排贡献度分别为 80% 和 20% 左右，其中新能源发电、水电、核电减排贡献度分别为 47%、18% 和 15%。

（三）电力行业碳排放晚达峰有助于更好统筹电力安全供应保障与全社会碳减排进程

电力行业晚达峰，有助于更好统筹电力安全供应保障与全社会碳减排进程。一是晚达峰情景下，电力碳排放空间收紧的速度放缓，煤电仍可保留一定发展空间来支持新能源安全有序替代。**二是**合理规划煤电新增装机容量和发电量，可更好发挥煤电调节型、支撑型电源作用，显著提升负荷高峰时段和极端天气下的电力保供能力。**三是**可有力支撑其他行业电气化带来的用电量需求增长，促进全社会尽早达峰。

电力行业晚达峰，有助于缓解低碳技术突破压力，降低全社会低碳转型成本。一是电力行业过早达峰，将大幅提升对低碳技术的突破需求。尤其是新能源大规模发展下，新型储能技术攻关面临巨大压力。**二是**晚达峰有助于支持工业、交通、建筑等行业深度开展电能替代，降低产业结构调整压力和减排压力，更好实现保持制造业比重稳定下的平稳转型。**三是**可避免部分高排放基础设施过早退役带来的沉没成本，推动降低全社会低碳转型成本。

（本节撰写人：夏鹏、陈海涛、元博　审核人：刘俊）

2 >>>

多区域
电力发展情景

我国幅员辽阔，各地区基础条件差别极大。碳排放权就是发展权，电力作为碳减排的主战场，电力碳排放如何在各地区进行分解将对利益格局调整产生重大影响，需要锚定在发展中促进区域相对平衡。本章聚焦促进高质量实现国家区域协调发展，以区域重大战略、区域协调发展战略、主体功能区战略为导向，设定统筹优化电力行业地区间碳排放与电力发展布局的情景。

2.1 区域发展基础

2.1.1 经济发展

我国总体已处于工业化后期阶段，各省份差异较大。从各省份看，东部沿海除海南、河北外其他各省份及西部的重庆均已基本完成工业化，进入后工业化阶段；东北三省，中部六省，西部的陕西、内蒙古、宁夏、青海以及河北处在工业化后期；其余八省（均为西部省份）尚处在工业化中期。2022 年，中部和西部地区生产总值分别达到 26.7 万亿、25.7 万亿元，占全国的比重由 2012 年的 21.3%、19.6% 分别提高到 2022 年的 22.1%、21.4%。特别是人均地区生产总值，东部与中部、西部地区之比分别从 2012 年的 1.69、1.87 缩小至 2022 年的 1.50、1.64。从近年来区域经济运行看，中西部地区主要经济指标增长情况总体好于东部地区，东北地区也呈现好转复苏迹象。

在我国区域协调发展战略下，生产力布局在高梯度地区与低梯度地区之间持续进行调整。通过用电量的分析，目前我国产业转移尚未大规模发生。从政策上看，国家一直推动东部产业向中西部转移，但我国各地区产业转移规模并没有预期的那么大，另外，

从典型高耗能产品产量全国比重变化看，2010 年以来，一方面，各地区产品产量比重并没有发生非常显著的变化；另一方面，除了华北地区产品产量比重都下降、西北比重均有所上升外，其他地区都有升有降，尤其华东的粗钢、水泥产量比重还有所上升。产业转移的净影响电量占用电量增量的比重多数在 5% 以内。

2.1.2 资源环境

整体来看，我国能源资源主要分布在西部北部。90% 以上的煤炭在北部地区，晋陕蒙甘煤电基地、新疆煤电基地煤炭已探明保有储量分别为 5200 亿、1300 亿吨，可支撑煤电装机规模分别为 3.8 亿、1.5 亿千瓦；80% 以上的水能在西南地区，西藏、四川、云南三省区的水电技术开发量约为 4.4 亿千瓦；80% 以上的陆地风能在"三北"地区，60% 以上的太阳能资源在西部北部地区，新疆光伏基地、新疆哈密风电基地、甘蒙光伏基地、蒙西风电基地、松辽清洁能源基地的新能源技术开发量分别为 19.3 亿、5.2 亿、14.6 亿、11.6 亿、23.6 亿千瓦；此外，我国东部海上风电资源也较为丰富，5～50 米

水深、70 米高度的海上风电开发量为 5 亿千瓦。

目前，通过就地开发送出西部北部可再生能源、优化输煤输电方式，实现对东部地区能源电力的安全可靠供应。其中，随着低碳发展道路的明确，可再生能源作为我国发电新增装机主体地位进一步夯实，保障能源供应和推动清洁低碳转型的地位作用越来越突出。截至 2022 年底，非化石能源装机规模达 12.7 亿千瓦，占总装机规模的 49%。

图 2-1　我国主要能源基地示意图

2.1.3　电力发展

电源装机的地域分布基本维持上年格局，华北、华东、南方地区装机容量占比仍维持较高水平。2022 年，华北、华东、南方地区仍然是电源装机容量最大的地区，合计约占全国电源装机容量的 60.6%，与上年基本持平。其中，华北地区装机容量占比最高，为 25.0%，比上年提高 0.3 个百分点，为全国电源总装机容量的 1/4；华东地区装机容量占比为 18.5%，比上年降低 0.2 个百分点；南方地区装机容量占比为 17.1%，与上年持平。

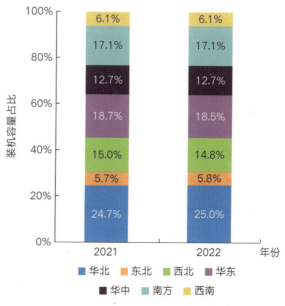

图 2-2　2021—2022 年电源装机容量地域分布情况

分区域来看，华北地区是 2022 年我国新增发电量最多的地区，全年新增发电量为 1085 亿千瓦·时，占全国新增发电量的 36.4%。截至 2022 年底，华北地区发电量最

高，完成发电量约 21455 亿千瓦·时，占全国的 24.7%；华东地区其次，完成发电量约 17603 亿千瓦·时，占全国的 20.2%。

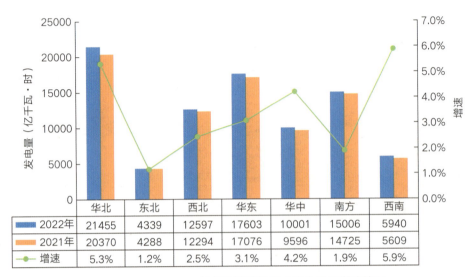

图2-3　2021—2022年各区域累计完成发电量与增速情况

（本节撰写人：吴姗姗、冯君淑　审核人：伍声宇）

2.2 区域电力协调发展原则

我国不同区域异质性较大，发展分化明显，统筹优化电力行业地区间碳排放与电力发展布局时，需要实现区域电力协调发展。整体来看，将遵循以下三项原则。

一是坚持先行导向发挥好电力对区域经济的基础支撑作用。作为服务经济社会发展的基础生产要素，电力重要先行工业的属性不会改变。新中国成立以来，作为重要的生产要素和生活资料，电力工业受到党中央的高度重视，"电力要先行"一直是国民经济发展的战略性举措。在碳达峰碳中和的发展

趋势下，电力要在消费持续增长过程中实现清洁低碳转型，切实保障电力供应安全。在"先立后破"的指导思想下，需要以能效提升为第一资源，同步大力推进电力结构低碳化调整，竭力保障继续全面支撑区域经济发展。因此，也需要看到区域经济发展潜力仍是决定电力发展空间的主要变量。

二是立足资源禀赋谋划更加多元的区域电力充裕发展路径。电力供应结构更加多元化是保障电力系统充裕度的重要措施，特别对于气象敏感性更高的高比例可再生能源电

力系统，多元电力供应结构可以削弱极端事件下的电力系统安全供应风险。因此，需要结合不同地区的自然资源禀赋，推动区域电力供应结构均衡发展。对于东中部地区要优先就地就近开发非化石能源，改善以煤为主的电源结构；而对于西部新能源占比较大的地区，则仍需保留一批火电，避免出现新能源"一只独大"的情况。因此，结合碳达峰目标来看，拥有更加多元电力供应结构的地区适合早达峰。

三是发挥比较优势促进电力资源布局与产业分布并行发展。从电力发展来看，各区域的比较优势一直以资源优势为主。在我国区域协调发展战略下，生产力布局需要在高梯度地区与低梯度地区之间持续进行调整。

东部高梯度地区要发挥创新要素集聚等优势，率先实现产业升级；中部地区要做大做强先进制造业，积极承接新兴产业布局和转移；西部地区要承接国内外产业转移，加快建设西部陆海新通道；东北地区要加快传统优势产业转型升级和新兴产业培育。西部、东北区域需要化清洁资源优势为产业优势，促进能源与产业同频共振，借助绿色电力发展引导产业布局优化调整。西部、东北作为我国大型清洁能源基地，充分发挥清洁资源优势有利于引导东中部高耗能产业、新能源相关战略性新兴产业及 ESG 发展诉求较大的产业加快转入，同时，为东部、中部地区加快产业升级提供动力。

（本节撰写人：冯君淑、刘俊　审核人：鲁刚）

2.3 多区域电力发展情景设计

2.3.1 设计思路

多区域电力发展情景设计的核心逻辑是：**以区域协调发展为导向，衡量绿色电力对区域分工体系和比较优势的影响程度**。这个逻辑主要是考虑在国家碳达峰碳中和目标下，绿色电力由原有单一的能源属性又叠加了环境属性，会使社会生产整体生产要素条件发生变化。但这种绿色电力的环境属性能否对微观企业产生作用力，并在宏观层面表现出区域分工体系和区域比较优势的实质性变化，仍是不确定的，并主要受"双碳"政策力度的影响。

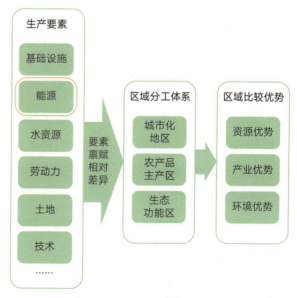

图2-4　绿色电力对区域分工体系和比较优势的影响程度

21

从目标来看，国家区域协调发展期望实现优势互补、高质量发展的区域经济布局和国土空间体系。然而，这种状态并不是要使各个区域达到相同的水平，而是要实现区域间相对的平衡。因此，这个相对平衡的状态不是静态且唯一的，而是会根据不同的发展情况不断动态调整。这也就代表着，绿色电力所产生的影响，会不断作用于国家区域协调发展的最终状态上。

从具体实现途径来看，就需要能源、基础设施、劳动力、技术等生产要素条件发生相对变化，带动产业布局进行调整，形成新的区域分工体系，从而各区域发展出新的比较优势。传统意义上，能源要素主要提供生产动力，在生态环保与"双碳"目标下，能源要素兼顾了环境属性，推动生产要素发生变化。原本会受能源影响的只有一些以能源为指向的产业（通常是能源成本占比较高的高耗能产业），但现在受能源影响的可能扩展到其他指向的产业。

2.3.2　情景设置

基于以上思路，本年度设置一个**绿色电力中等影响情景**进行研究。在此情景下，认为**绿色电力对区域分工体系和比较优势会产生一定影响，这种影响会在一定程度上加快区域相对平衡状态的实现，并形成一种更加平衡的区域分工体系**。绿色电力带来的影响主要体现为以下几点。

一是产业转移的速度与规模增加，用电需求及其分布也会发生相应变化。从产业转移来看，随着绿色电力成本的快速下降以及环境效益的外部化，绿色电力会加速原本以

能源为指向产业的转移，主要是有色金属冶炼、电冶合金等高耗能产业；此外，原本不主要以能源为指向的产业，部分也会由于绿色电力的环境属性，向绿色电力资源更丰富的西部北部进行转移。由此，用电需求及其分布也将会受到影响，预计东部用电需求饱和时点会更早达到，饱和规模会更低；西部北部用电需求增长会更加迅猛；中部作为产业转移的中转地，用电需求预计也将更快更高增长。

二是对本地绿色电力需求的增加，带来就地就近新能源加速发展。主要针对东部区域，考虑多为出口外向型经济，核心企业或为外资企业，或为外资企业的重要供应链上游企业，对低碳、ESG 发展具有强烈诉求；加之政府层面也趋向于承诺公民更高的生态环境水平，有关城市和园区也正在开展碳达峰试点建设，这都将促进本地绿色电力更快部署，主要是本地分布式光伏以及海上风电的加速开发。

三是综合考虑产业转移速度与本地绿色电力开发速度，对跨区电力流规模影响较小。综合产业转移速度带来的用电需求变化与本地绿色电力开发速度来看，本地绿色电力供应基本能够满足本地政府、企业的转型发展诉求，近中期不会由于对绿色电力的诉求带来额外的跨区电力流新增需求。新增跨区电力流仍以满足受端地区电力供需平衡为主。

2.3.3　分析方法

（一）定性分析

对于"双碳"目标约束，本报告采用目

标"以终为始"的研究思路，即锚定战略目标年，系统优化过渡年份。这主要是出于以下考虑，在尊重客观规律、发挥比较优势、完善空间治理、保障民生底线等发展认识下，在不考虑未知技术、颠覆性技术等的现有技术体系下，2060 年全国、各区域、各省份电力系统安全地、经济地实现碳中和的技术组合有限。因此，需要首先确保 2060 年碳中和目标下全国、各区域、各省份实现电力电量供需平衡，之后再研究 2030 年、2035 年、2040 年、2050 年等中间水平年如何实现平稳有序过渡。

对于全国路径分解到各区域、各省份，本报告采用自上而下与自下而上相结合的研究思路，即自上而下的全国降碳需求与自下而上的各省份降碳实际相结合。全国一盘棋下，各区域、各省份需要协调实现全国电力行业减碳的目标，但考虑各省份资源禀赋情况、经济发展条件与预期的异质性，将全国降碳目标直接分解到各区域各省份，不一定能实现各个区域、各个省份的电力安全经济供应。因此，仍需要结合各省份实际，进一步迭代优化全国的分解方案。

（二）定量分析

本报告共搭建 1 个全国分区域模型与 7 个区域分省份模型。全国分区域模型按照华北、华东、华中、东北、西北、西南、南方、蒙西 8 个节点进行建模。7 个区域分省份模型分别为华北区域模型、华东区域模型、华中区域模型、东北区域模型、西北区域模型、西南区域模型、南方区域模型，除了东北区域模型由黑龙江、吉林、辽宁、蒙东、蒙西 5 个节点构成外，其他 6 个区域分省份模型都按照实际所含省级电网划分节点进行建模。

表 2-1　区域划分情况

模型搭建 8 大节点	所含省、自治区、直辖市（地区）	章节分析 7 个区域
华北	北京、天津、河北、山东、山西	华北区域
华东	江苏、上海、浙江、安徽、福建	华东区域
华中	河南、江西、湖南、湖北	华中区域
东北	黑龙江、吉林、辽宁、蒙东（国家电网公司在内蒙古自治区运营区域）	东北区域
蒙西	内蒙古电力（集团）运营区域	
西北	宁夏、甘肃、青海、新疆、陕西	西北区域
西南	四川、重庆、西藏	西南区域
南方	广东、广西、云南、贵州、海南	南方区域

（本节撰写人：冯君淑、刘俊、孔佳洁　审核人：鲁刚）

23

2.4 多区域电力发展情景分析

以区域重大战略、区域协调发展战略、主体功能区战略为导向，聚焦绿色电力对区域分工体系和比较优势的影响，开展七大区域电力发展展望，研判各区域梯次有序实现电力碳达峰的路径。

（一）电力需求

考虑各省份差异化的经济发展阶段与工业化水平，预计东南沿海省份电力需求首先进入饱和阶段，全国将在 2045 年前后进入饱和阶段，西北区域最后进入。从各省份看，东部沿海除海南、河北外其他各省份及西部的重庆均已基本完成工业化，进入后工业化阶段；东北三省，中部六省，西部的陕西、内蒙古、宁夏、青海以及河北处在工业化后期；其余八省（均为西部省份）尚处在工业化中期。全国电力需求将在 2045 年前后进入饱和阶段。预计全社会用电量将在 2045 年前后趋于饱和（5 年内年均增速低于 1%）。华北、华东、南方区域最先进入饱和阶段，华中、西南区域随后进入饱和阶段，东北、西北区域最后进入饱和阶段。

表 2-2　各区域电力需求进入饱和阶段时间

进入饱和阶段时间	区域
2040—2045 年	华北、华东、南方
2045 年前后	华中、西南
2050—2055 年	东北
2055 年前后	西北

2060 年，华东区域电力需求总量仍为全国第一，华北、南方、西北区域全社会用电量体量相近。考虑经济增长、能效水平、电气化、气候气温、电制氢、能耗"双控"制度调整等因素，预计 2060 年全国全社会用电量将达到 16.9 万亿千瓦·时，2040—2060 年年均增速降至 0.5%。其中，华东区域全社会用电量仍然保持全国领先，2060 年保持在 3.2 万亿千瓦·时左右；华北、南方、西北区域全社会用电量相近，2060 年都在 2.7 万亿千瓦·时以上，其中西北区域仍具有较强增长态势；华中区域 2060 年全社会用电量为 2.2 万亿千瓦·时；西南与东北区域 2060 年全社会用电量分别达到 1.4 万亿、1.2 万亿千瓦·时；蒙西区域 2060 年全社会用电量约 0.7 万亿千瓦·时。

2060 年，华东与华北区域全社会最大负荷超过 5 亿千瓦，华中、南方、西北区域均不低于 4 亿千瓦。受产业结构调整、空调与电采暖设备推广、极热极寒天气频发、第三产业与居民负荷对气温更敏感等因素影响下，最大负荷增速高于用电量增速。

预计 2060 年全国全社会最大负荷为 28.8 亿千瓦，2040—2060 年年均增速降至 0.5%。其中，华东与华北区域 2060 年全社会最大负荷都增至 5 亿千瓦以上，分别为 5.5 亿、5.2 亿千瓦；华中、南方、西北区域 2060 年全社会最大负荷均不低于 4 亿千瓦，分别为 4.4 亿、4.2 亿、4.0 亿千瓦；西南、东北、蒙西区域 2060 年全社会最大负荷分别为 2.8 亿、2.1 亿、1.1 亿千瓦。

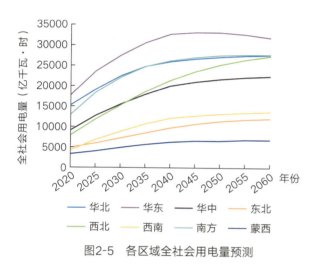

图2-5 各区域全社会用电量预测

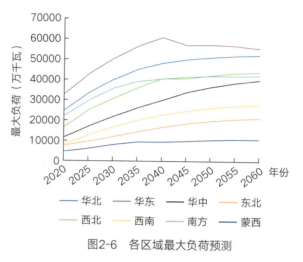

图2-6 各区域最大负荷预测

（二）电力供应

总体来看，预计 2060 年，全国电源装机总量达到 90 亿千瓦，其中，华北、华东、华中、东北、西北、西南、南方、蒙西区域电源装机总量分别为 11.2 亿、11.7 亿、8.3 亿、8.4 亿、23.7 亿、7.7 亿、12.1 亿、6.5 亿千瓦。全国新能源发电已成为各个区域的第一大电源，除西南区域发电量仍以水电为主以外，其他区域新能源发电的装机容量和发电量都位列区域第一。

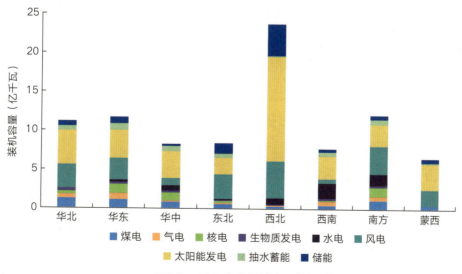

图2-7 2060年各区域电源装机结构

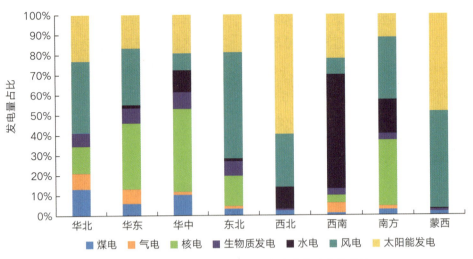

图2-8　2060年各区域本地发电量占比结构

风电。随着近期东中部分散式风电资源基本开发完毕，中远期风电开发重心重回西部北部地区，而海上风电则逐步向远海拓展。预计2060年，陆上风电装机主要分布在西北、东北、蒙西、华北区域，装机规模分别为4.7亿、2.8亿、2.2亿、2.0亿千瓦，四个区域陆上风电装机规模占全国陆上风电总装机规模的74%；海上风电考虑风能资源量、风能资源可利用面积、受台风影响等因素，华东、南方、华北、东北区域装机规模分别为1.8亿、1.8亿、1.1亿、0.3亿千瓦。

太阳能发电。中远期，随着东中部分布式光伏开发完毕，包括光热发电在内的太阳能发电基地建设主要在西北、蒙西区域以及其他有条件的区域不断扩大规模。预计2060年，全国1/3的光伏发电装机分布在西北区域，为11.3亿千瓦，华北、华东、华中、西南、蒙西、南方、东北区域光伏发电装机规模分别为4.3亿、3.6亿、3.4亿、3.0亿、2.9亿、2.8亿、2.1亿千瓦；光热发电布局以西北区域为主，西北区域光热发电装机规模达到2.0亿千瓦。

水电。我国水电资源主要集中于四川、云南、西藏三个省区，随着"十六五"之后西藏水电逐步投产，全国水电装机规模逐渐稳定，2060年保持5.4亿千瓦。其中，西南、南方区域水电装机规模占全国水电装机总量的67%，分别达到2.1亿、1.5亿千瓦。

抽水蓄能。预计到2060年，全国抽水蓄能主要布局在东中部负荷中心。其中，华东、华中、南方、华北区域抽水蓄能装机规模分别达到9000万、7200万、6400万、5000万千瓦，这四个区域抽水蓄能装机规模占全国抽水蓄能总装机规模的70%。

核电。考虑电力保供需求，预计到2060年，华东、南方区域装机规模均超过1.1亿千瓦，华中区域核电装机规模达到9600万千瓦，华北区域核电装机规模达到3900万千瓦。

生物质发电。预计2060年全国生物质发电主要分布在东中部，华东、华北、南方、华中区域经CCUS改造过的生物质发电装机规模分别为2700万、2100万、2000万、1800万千瓦。

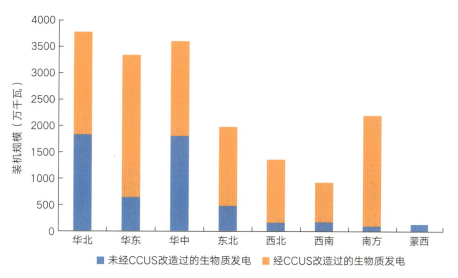

图2-9　2060年不同类型的生物质发电布局

煤电。煤电按功能可分为应急备用、灵活调节、近零脱碳三类机组，预计2060年，全国应急备用煤电主要分布在东中部负荷中心，华东、华中、南方、华北区域的装机规模占总装机规模的90%；华东、华中、南方、华北区域的灵活调节煤电规模都在7000万千瓦左右，此外，西北区域仍保留了4000万千瓦左右的灵活调节煤电；华北、华中近零脱碳煤电规模较大，分别为6000万、5000万千瓦。

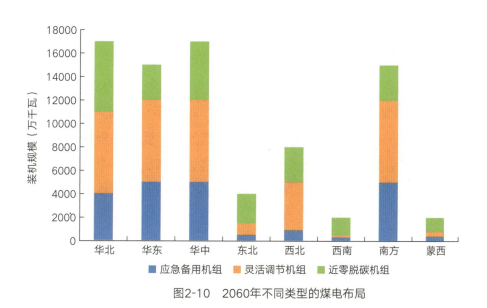

图2-10　2060年不同类型的煤电布局

气电。气电主要分布于华东、南方、华北等价格承受力较高的区域和西南等资源条件较好的区域，预计2060年，华东、华北、南方、西南区域气电装机规模分别达到8000万、7900万、6000万、3500万千瓦。

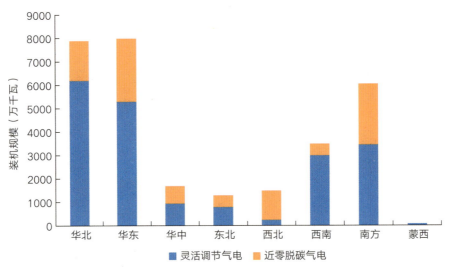

图2-11　2060年不同类型的气电布局

非抽水蓄能储能。预计2060年，全国非抽水蓄能储能主要分布在新能源规模较大的西北和东北区域，两个区域装机规模分别为4.0亿、1.4亿千瓦。

新能源的跨能源系统消纳。随着新能源占比逐渐升高，凭借电力系统自身已经无法实现高效消纳，需要扩展到减轻电网消纳压力的跨系统、非电力系统消纳方式，如供暖、制氢、与其他综合能源联合利用等。从供暖来看，考虑供热有地理半径的限制，主要是在省内进行供电与供热的共同优化。从制氢来看，未来电制氢规模将持续扩大，预计2060年80%的氢能来自电制氢，规模为3900万吨（约为1.9亿吨标准煤），耗电约1.7万亿千瓦·时，占全社会用电需求的10%左右；目前，70%以上的氢用于炼油、氨生产、甲醇生产，从这些产品的供需分布来看，我国主要炼化基地在东部沿海地区，合成氨与甲醇产能主要分布在煤炭基地周围，这两类的消费目的地主要是华东、中

南、华北等地区，可见，氢作为工业原料的主要消费地在东中部。因此，制氢用氢也适宜遵循就地就近原则，一种是东部沿海地区的海上风电制氢以及就地输氢利用，这种能够将绿氢直接对接至终端需求侧，另一种是结合已有布局在煤炭基地周围的合成氨、甲醇、氢产能，就地利用西部北部丰富的新能源资源制氢。

（三）跨区电力流

2060年，全国"西电东送"的总体格局没有改变，受端主要是华北、华东、华中、南方、西南区域。中远期，考虑积极发展分布式新能源、沿海核电、海上风电后，东中部受端地区电力市场空间逐渐饱和，随着西藏水电开发与接续送出建成，预计2045年左右，"西电东送"规模趋于饱和。至2060年，全国"西电东送"的总体格局基本稳定，以西北清洁能源基地与西南水风光基地为两大主要送端，受端除了传统的"三华"及南方地区之外，川渝受端特征更加明显。

注：未统计台湾省数据。

图 2-12　2060 年全国电力流规模（单位：万千瓦）

跨区互济能力的提升将有效保障区域电力安全供应，主要在西北与西南、长江流域各区域之间。随着电力系统新能源占比逐步提升，考虑极端天气频发影响，对跨区平衡互济能力的需求将会大幅提升。通过对 2060 年进行 8760 小时多区域生产模拟分析，跨区互济需求主要集中在西北与西南区域之间和长江流域的西南、华中、华东区域之间。

（四）电力梯次达峰路径

电力碳达峰按照东北、东部、西部、中部的先后次序梯次实现。考虑发展基础、资源禀赋、战略定位等差异，不同区域电力行业碳排放演化路径存在不同。西部、中部等

积极承接产业转移的地区，电力需求拥有更大的增长空间，不宜早于全国实现电力碳达峰，其中中部能源资源较为贫瘠，最晚实现电力碳达峰。京津冀、长三角、粤港澳大湾区等引领高质量发展的第一梯队区域，以及东北区域，拥有更加多元化的电力供应结构，不宜晚于全国实现电力碳达峰。

预计碳达峰时期，华东、华北、东北区域将早于全国实现电力碳达峰，南方、西北区域基本与全国同步实现电力碳达峰，华中、西南区域晚于全国实现电力碳达峰。碳达峰至碳中和时期，各区域与全国类似，降碳路径相对平稳。

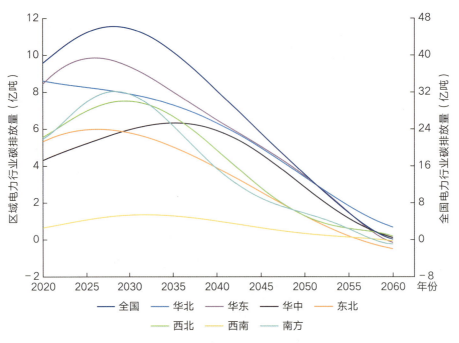

图2-13 全国及不同区域电力行业碳排放演化路径

（本节撰写人：冯君淑、张成龙、刘俊　审核人：伍声宇）

3 >>>
面向国家区域重大战略的电力发展展望

国家区域重大战略是实现区域协调发展的战略引领点。本报告聚焦长三角一体化发展与黄河流域生态保护和高质量发展两项国家区域重大战略，对长三角地区与黄河流域的电力发展进行展望。长三角地区与黄河流域在地理区位、资源禀赋、发展水平、优势特点等方面迥然不同，集中反映出了我国区域发展的东西差距和南北差距，两个地区的电力发展也需要有适应性的路径和重点。

3.1 长三角地区

长江三角洲（简称长三角）地区包括上海、江苏、浙江、安徽四省市。作为国家引领高质量发展的第一梯队，一体化发展是国家重大战略要求，更是国家对长三角更好发挥示范引领作用的期许和定位。由于内部也存在着经济发展差异、产业梯次转移趋势、多元电源结构与电力送受关系，从电力发展来看，长三角地区就像全国的一个缩影，研究好它的区域一体化发展路径，可以为全国区域协调发展提供示范，为全国在提高经济集聚度、区域连接性和政策协同效率等方面提供先进经验。

（1）长三角地区产业转移按照先内部、后向外区域的次序进行，"江浙沪"与安徽的用电需求变化趋势存在分化。

长三角地区作为我国经济中心，从产业集群来看，先进产业集群众多，集中分布在"合肥—上海—台州"三角区域，产业门类主要集中在电气机械和器材制造业、计算机通信和其他电子设备制造业、纺织及纺织服装服饰业、设备制造业、医药制造业、汽车制造业等。《长江三角洲区域一体化发展规划纲要》提出，长三角中心区要强化产业集聚能力，重点布局总部经济、研发设计、高端制造、销售等产业链环节，加快推动中心区重化工业和工程机械、轻工食品、纺织服装等传统产业向具备承接能力的中心区以外城市和部分沿海地区升级转移。其中，皖北地区承接产业转移集聚区，可以积极承接产业转移。

考虑产业集群的集聚特性，产业转移按照先长三角地区内部、后长三角地区向外区域的次序开展。"江浙沪"与安徽之间存在明显的发展梯度，产业转移将首先发生在"江浙沪"与安徽之间，从而能既不破坏目前产业形成的区位优势又为"江浙沪"的产业创新升级腾挪发展空间。因此，随着"江浙沪"用电需求增速逐步趋缓，安徽仍将保持高于"江浙沪"的增速。预计，2040年左右，长三角地区内部的大规模产业转移完成，长三角地区向外区域的转移开始规模化进行。2040年后，"江浙沪"均进入用电需求饱和期，2040—2060年，用电需求呈缓降趋势；安徽2040年后加快产业升级，2040—2060年，用电需求增速下降。

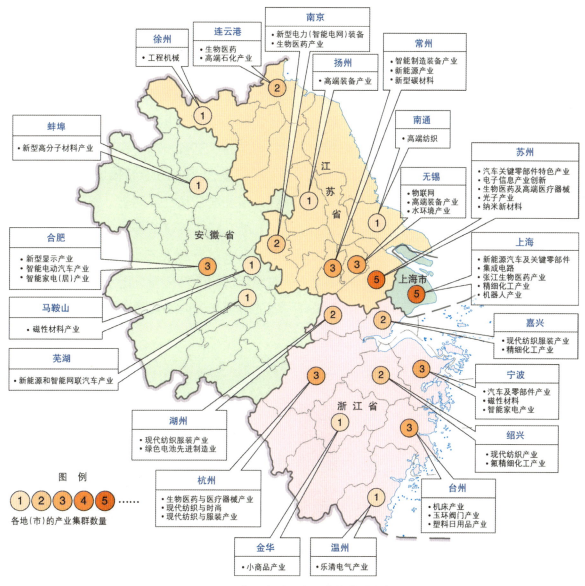

图 3-1　长三角地区主要产业集群分布

（数据来源：中国民营经济研究会、北京上奇产业研究院）

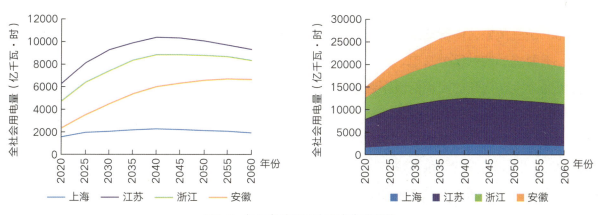

图3-2　长三角地区用电需求变化趋势

（2）考虑华东电网直流承载能力具有天花板，长三角地区实现"双碳"目标需要大规模开发沿海非化石能源资源。

考虑"十四五"后期陕北至安徽和外电入浙两回特高压直流投运，至2025年底，华东电网馈入直流将达到15回。考虑华东电网不可能无限发展与升级，常规机组发展规模可预期，调相机、柔性直流等设备对频率稳定、电压稳定问题的改善作用也有限。因此，华东电网的直流承载能力具有天花板，无法以持续馈入直流作为满足电力转型与保供的主要手段。

因此，长三角地区降碳需要统筹好本地电与外来电，以本地电为第一手段。从资源情况来看，长三角地区主要的非化石能源包括沿海核电、海上风电、陆上风电、分布式光伏等，除了陆上风电、分布式光伏在长三角地区的"三省一市"均有分布以外，占非化石能源大部分的沿海核电和海上风电主要分布在浙江和江苏两省。整体来看，2060年，浙江和江苏这四类非化石能源的装机规模都在2亿千瓦左右，安徽超过1亿千瓦；对比浙江和江苏来看，浙江由于包含更高比例的核电，非化石能源结构要优于江苏。

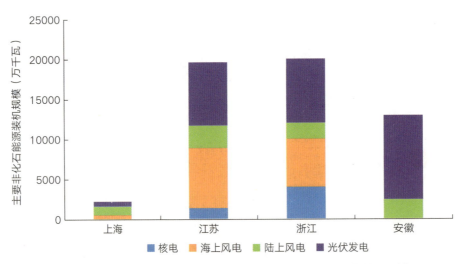

图3-3　长三角地区各省市主要非化石能源2060年装机规模

（3）长三角地区内部电网互联互通非常重要，需要成为疏散区外来电、统筹皖电东送与沿海基地送内陆的资源配置平台。

一方面，考虑用电需求主要增长与"三省一市"非化石能源资源的分布不均衡，将产生对长三角地区内部电网互联互通的较大需求。另一方面，随着负荷特性和主力电源的变化，"三省一市"年内供需紧张的时刻也在发生变化，目前，上海、江苏、浙江、安徽的供需紧张时段分别在夏季午高峰、夏季晚高峰、夏季午高峰、夏季晚高峰，预计未来，江苏、浙江的供需紧张时段将逐步转移至冬季晚高峰和冬季午高峰。这将加强"三省一市"之间跨季节和日内的互补效应。

从互联互通电网的作用来看，一方面将落点在各省市的直流进行区域内统一消纳，这也是由于未来跨区直流输送可再生能源的比例将大幅提高，若由受端进行调峰，则送电曲线的波动性将逐步加大，统一消纳可以减轻单一省份消纳下的系统调节压力。另一方面，互联互通电网可以兼顾中远期苏北、台温、福建等沿海电源的接入和送出需要，与皖电东送形成余缺互济的模式。

（4）煤电、气电等支撑性调节性火电的布局，需要结合负荷、新能源、现有站址的布局，在长三角地区进行统筹安排。

在互联电网的格局与支撑下，预计2060年，长三角地区的1.4亿千瓦煤电与7500万千瓦气电在"三省一市"进行分散布局、统一调配。布局原则有以下几点：第一，在重要负荷中心周围进行布局，提高应急保障和风险防御能力；第二，结合海上风电的陆上并网点，于附近布局调节性火电；第三，预计2060年，部分煤电、气电是对2030年前投产煤电的升级改造，这部分火电适宜优选原址重建。

2060年，预计上海、江苏、浙江、安徽的煤电和气电装机分别达到2900万、7900万、5300万、5400万千瓦，各省市的结构也表现出较大的差异。上海主要通过气电提供电量和电力支撑，并保留一定的煤电进行灵活调节和应急备用；江苏与浙江的煤电和气电比例较为均衡；安徽主要以煤电为主，通过近零脱碳煤电提供电量，还有一定规模的煤电进行灵活调节和应急备用。

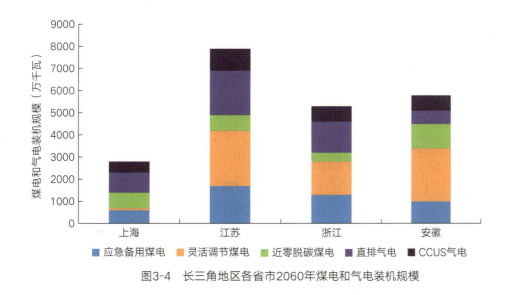

图3-4　长三角地区各省市2060年煤电和气电装机规模

（本节撰写人：冯君淑、郭健翔　审核人：鲁刚）

3.2 黄河流域

黄河流域包括黄河干支流流经的青海、四川、甘肃、宁夏、内蒙古、山西、陕西、河南、山东9省区，是我国重要的能源基地，也是重要的生态安全屏障和人口活动、经济发展的重要区域，在国家发展大局和社会主义现代化建设全局中具有举足轻重的战略地位。同时也需要看到，黄河流域9省区产业结构较为初级，生产方式更偏粗放，也是我国贫困人口的主要聚集地。考虑黄河流域地理跨度长、资源品种丰富、基地属性明显的特性，需要聚焦能源资源一体化开发利用，研究好能源电力转型发展之路，从而促进流域高质量发展、保障国家能源安全，示范带动全国资源型区域转型发展。

（1）构建多元清洁能源供应体系，打破黄河流域"倚能倚重"现状，为流域新旧动能转换提供国家清洁能源产业高地建设路径。

电力供应由"以煤为主"向"绿色多元"转型，推进清洁能源多元化发展与大型新能源基地建设。 充分发挥黄河流域资源优势，坚持集中开发和分布开发并举，大力推动风、光、水、核、地热能等清洁能源的多元化开发，明确煤电保电力、保电量、保调节的兜底保障作用；积极探索风光水、风光火（气）储一体化等多能互补发展模式，推动形成"绿色多元"的电力供应格局。特别是，加快建设一批生态友好、经济优越、体现国家战略和国家意志的大型风电光伏基地项目。近期，重点建设青海海南和海西、河西走廊、黄河几字弯、黄河中下游等地的大型新能源基地，以及山东海上风电基地。推进库布齐沙漠、乌兰布和沙漠等沙漠戈壁千万千瓦级新能源基地与光伏治沙示范项目的建设与推广。因地制宜推进河南、山东分布式光伏和低风速风电就近就地开发利用，优先利用陕西、山西和内蒙古煤炭矿井等废弃土地建设光伏电站。

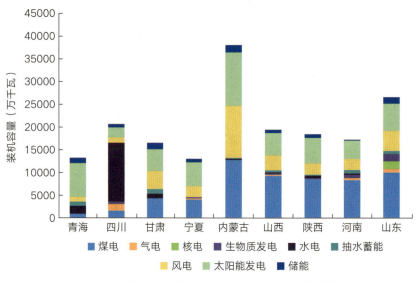

图3-5 黄河流域内9省区2030年装机结构

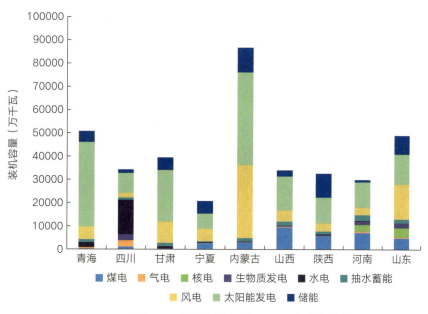

图3-6　黄河流域内9省区2060年装机结构

打破黄河流域"倚能倚重"现状，因地制宜发展各具特色的优势产业，经济增长由依赖"资源优势"向依靠"产业优势＋创新优势"并重转型。目前，区域经济发展"倚能倚重"、低质低效问题突出。黄河流域新旧动能转换需要立足区位优势，加强电力产业科技创新力度、提高产业智能化发展水平，打造前沿电力技术的创新高地、试验场和实证基地。延长新兴电力产业链，开发产业链下游高端材料和高附加值产品，打造上中下游一体化电力战略性新兴产业集群，建设国家清洁能源产业高地，实现资源组合优化配置，培育经济发展新动能。

（2）结合化石能源和新能源融合发展，合理布局煤电和气电发展，保持电力成本的稳定性，保障电力安全供应。

统筹电力保供与减排降碳，保持煤电合理规模，增加气电规模，优化调整火电项目布局。按照电力系统安全稳定运行和保供需要，保障煤炭、天然气供应，加强煤电机组、天然气发电与非化石能源发电、储能的整体协同。分阶段发挥煤电、气电装机兜底保供、辅助和调节服务作用，有序推动燃煤电厂向应急备用机组转型，提升气电机组发电量市场化交易规模。合理控制煤电建设，近期仍需新建一批大型新能源基地配套煤电与负荷中心保障性煤电；持续提升煤电机组调节能力，新建机组全部实现灵活性制造，现役机组灵活性改造应改尽改，优先提升30万千瓦级煤电机组深度调峰能力，推进企业燃煤自备电厂参与系统调峰。预计2030年和2060年，黄河流域内煤电装机规模分别达6.0亿、3.4亿千瓦。推动气电融合发展，在青海、内蒙古、山西等天然气和风光资源富集区，以及调峰需求大的负荷中心配套建设一批燃气调峰电站，建立协同配合的"气风互补"或"气光互补"发电组合，减少弃风弃光。重点推进黄河下游气电建设。预计2030年和2060年，黄河流域内气电装机规模分别达3060万、5180万千瓦。

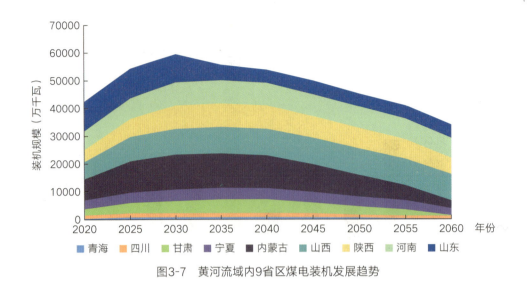

图3-7　黄河流域内9省区煤电装机发展趋势

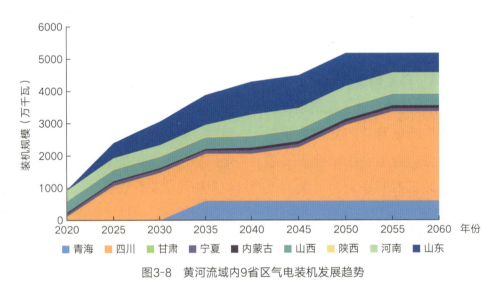

图3-8　黄河流域内9省区气电装机发展趋势

推动煤电机组节能提效升级和供热改造。针对黄河流域内供暖需求，加快淘汰煤电落后产能，创造条件加快实施节能改造，提升煤电机组运行效率，开展煤电机组供热改造，推动具备条件的纯凝机组开展热电联产改造，优化已投产热电联产机组运行，实现煤电清洁高效发展。

（3）电力平衡由"省内为主"向更大范围内"共享互济"转型，充分发挥电网资源优化配置能力。

结合黄河流域内大基地开发合理新增送出电力流，探索更大范围的电力互济。黄河流域9省区涉及多个区域电网，需要结合电力供需形势及可再生能源消纳需要，合理安排域内多能互补清洁能源基地与域外各类清洁能源基地开发时序，促进黄河流域新增电力流科学布局、低碳发展，提升跨省跨区输电项目技术经济性。预计到2030年、2060年，黄河流域电力流分别达到2.3亿、3.0亿千瓦。此外，基于各地区资源禀赋、电源结构和负荷特性的差异，加强调峰能力建设、完善主网架建设、科学布局跨省跨区电力流，激活电网运行调节能力，挖掘省间甚至区域间的互补互备潜力，提高电力通道输电能力和清洁能源输送比例，通过共享调峰与备用等服务在区域内实现电力跨省互济和跨区互济。特别是，要强化流域水工程统一联合调度，加强跨区域水资源丰枯调剂，提升流域防灾减灾能力。

优化完善黄河流域内电网主网架，强化区域内部支撑保障能力。上游主网建设以新能源高效输送为目标，完善省内 750 千伏主网架建设与跨省交流互联；**中游**省份推进电源汇集通道建设，加强输电通道间联络；**下游**提高受电能力和清洁能源接纳能力，推进华中特高压主网架建设，完善山东主网架。优化完善流域内城乡及农村配电网，提高供电保障能力。

（本节撰写人：张富强、龚一莼　审核人：伍声宇）

4 >>>

区域
电力发展展望

区域电网是实现区域协调发展的规划统筹点，本章将全国分为华北、华东、华中、东北、西北、西南、南方七大区域，承接全国电力碳达峰碳中和目标，对各区域电力发展进行展望。

4.1 华北区域

华北区域包括三大都市经济圈之一的京津唐经济圈，我国粮、棉、油的重要产地河北省，全国重要的煤炭、能源基地、原材料生产基地山西省，以及我国重要的人口、资源、经济大省山东省。本节从发展现状出发，分析了华北区域发展定位。在此基础上，研判了华北区域电力"双碳"路径的重大问题，进一步开展了华北区域各省市 2025 年至 2060 年电力"双碳"路径量化分析。

4.1.1 区域发展定位

政治和文化中心。作为我国的政治和文化中心之一，华北地区承载着国家政府机构、文化遗产、高等教育和研究机构等关键角色。北京作为首都，不仅是国家政治决策的中心，还是文化、科技和教育的重要枢纽，为国家的政治和文化繁荣作出重要贡献。

经济重要枢纽。华北地区在我国的经济格局中占有重要地位。天津港、山东港、黄骅港是国际贸易和物流的关键节点，为我国的进出口贸易提供了便利。这一地区的制造业、农业和服务业等多个领域发展活跃，对我国经济增长作出了贡献。2023 年 5 月，习近平总书记在河北考察并主持召开深入推

进京津冀协同发展座谈会提出，京津冀要成为中国式现代化建设的先行区、示范区。

能源和产业基地。华北地区拥有丰富的自然资源，尤其以山西的煤炭储量著称。这些资源对国内能源供应至关重要，影响着中国的能源安全。另外，华北地区也是重要的重工业基地，包括钢铁和化工等领域，为国家的工业生产提供了支持。未来进一步巩固壮大实体经济根基，把集成电路、网络安全、生物医药、电力装备、安全应急装备等战略性新兴产业发展作为重中之重，着力打造世界级先进制造业集群。

自主创新重要源头。京津冀作为引领全国高质量发展的三大重要动力源之一，拥有数量众多的一流院校和高端研究人才，创新基础扎实、实力雄厚，未来将强化协同创新和产业协作，在实现高水平科技自立自强中发挥示范带动作用。加快建设北京国际科技创新中心和高水平人才高地，着力打造我国自主创新的重要源头和原始创新的主要策源地。

4.1.2 区域电力发展重大问题

（1）要客观认识到华北地区"20-20"严峻的电力脱碳挑战，实现电力"双碳"目标必须依赖于创新的推动。

华北地区"20-20"严峻的电力脱碳挑战是指，全国 20% 以上的火电装机在华北，而华北生态碳汇能力仅约相当于全国 1/20。火电装机方面，2022 年华北地区煤电总装机容量 2.8 亿千瓦，占全国煤电总装机容量 13.3 亿千瓦的 21%，其中山东火电装机容量 1.2 亿千瓦，是全国第一大火电装机省份。据中国碳核算数据库（CEADs）最新数据显示，2019 年山西、山东全社会碳排放量全国位列第一、第二，分别达到 17 亿吨和 12 亿吨，分别占全国碳排放总量的 14% 和 10%。生态固态能力方面，森林、草原、湿地等生态系统具有固碳作用，能够大大提升生态系统碳汇量和生态碳汇能力。2021 年公布的第三次全国国土调查显示，华北地区耕地面积 1679 万公顷、园地面积 307 万公顷、林地面积 1624 万公顷、草地面积 532 万公顷、湿地面积 48 万公顷，分别占全国对应耕地、园地、林地、草地和湿地面积的 13%、15%、6%、2% 和 2%，生态系统碳汇土地面积整体上仅占全国 5.8%。同时，尽管华北区域可再生能源资源储量较为丰富，但尚不能自给，实现电力"双碳"目标必须依赖于创新的推动。

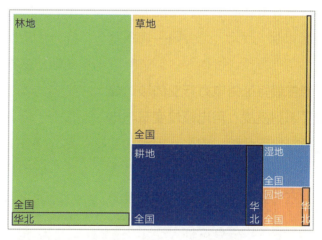

图4-1　华北地区火电装机与生态碳汇能力占全国比重对比

（数据来源：自然资源部）

华北地区电力减排责任重、生态汇碳能力差，就要发挥碳达峰、碳中和科技创新方面得天独厚的属地优势，激发科技创新的关键作用。北京和天津作为两个直辖市，拥有较为完善的科技创新体系和高等教育资源，为脱碳、零碳、负碳及碳捕集技术等关键领域开展联合攻关提供了有利条件。山西是我国主要能源生产基地，拥有丰富的煤炭和煤化工资源，要推动、推广煤炭清洁高效利用技术的创新，实现碳排放的降低。山东地区拥有发达的制造业和工业基础，是全国唯一拥有 41 个工业大类齐全的省份；河北能耗高，仍处于重工业化阶段，验证实验条件好，要加强对高能耗、高排放行业的技术改造和转型升级，推广节能减排技术，提高产业链绿色化水平。通过加强科研合作、推广创新技术和提高产业绿色化水平，华北地区有望在全国范围内树立电力碳达峰碳中和示范，为构建低碳经济作出积极贡献。

（2）资源依赖型产业占比高，为实现电力行业的碳达峰碳中和目标带来了一系列挑战，用电领域变革是重中之重。

长期以来，华北地区的经济发展方式相对粗放，钢铁业和石油化工业等重化工业占据着经济增长的半壁江山。凭借着煤炭和油气资源优势，华北地区建成了庞大的重工业体系，有着"世界钢铁看中国、中国钢铁看河北、河北钢铁看唐山"的说法和众多大大小小的石化企业等。以重工业为主体的产业结构决定了能源消费强度较高，河北能耗水平为 0.76 吨标准煤 / 万元，是全国平均水平的 1.2 倍。

产业资源依赖特征为电力行业的碳达峰碳中和带来了系列挑战，用电领域变革与电力供应转型要打好配合战。首先，钢铁和石化等高能耗行业转型将带来较高的电力需求。这些行业在转型过程中需要大量的电力供应，导致电力需求增加，难以轻易实现碳减排目标。其次，煤炭和油气资源的依赖性限制了电力行业转型升级的速度。由于长期依赖传统化石燃料，电力行业在推进清洁能源转型和低碳技术应用方面受到一定的制约，阻碍了碳达峰碳中和目标的实现。此外，由于产业结构的限制，电力行业在推广

新能源和清洁技术方面面临市场需求的不确定性。虽然新能源等低碳技术逐渐发展，但由于传统产业的庞大规模，新能源在电力供应中的比重仍较小，需要更多的技术创新和市场推广来应对挑战。

（3）各省市所处社会发展阶段、碳排放规模量级迥异，这种异质性底层决定了达峰先后与脱碳难易。

华北各省市分布在碳排放攀峰、峰值平台和下降通道等各阶段。环境库兹涅茨曲线[1]可以揭示经济社会发展阶段与碳排放的趋势关系，该曲线以人均地区生产总值为横轴，二氧化碳排放为纵轴，通常呈现倒 U 形，即随着经济的发展，二氧化碳排放呈现先升后降的趋势。从华北 5 省市的碳排放库兹涅茨曲线来看，北京市已处于倒 U 形的右半支，属碳排放的下降通道；天津市和河北省处于倒 U 形的平台区，属碳排放的峰值区间；山东省和山西省尚处于倒 U 形的左半支，属碳排放的攀峰区。

北京市已进入后工业化阶段，天津市处于工业化中后期阶段，河北省、山西省和山东省正尚处于工业化中期阶段。据 2022 年各省市国民经济和社会发展统计公报，北京市、天津市、山东省、山西省和河北省人均地区生产总值分别为 19.0 万、11.9 万、8.6 万、7.4 万、5.7 万元，河北省人均地区生产总值是北京市的 30%。据此判断电力碳达峰

---

[1] 环境库兹涅茨曲线（Environmental Kuznets Curve，EKC），是一种用来描述环境污染与经济发展之间关系的理论模型。它是由西蒙·库兹涅茨（Simon Kuznets）在 1955 年提出的经济学理论"库兹涅茨曲线"的延伸。

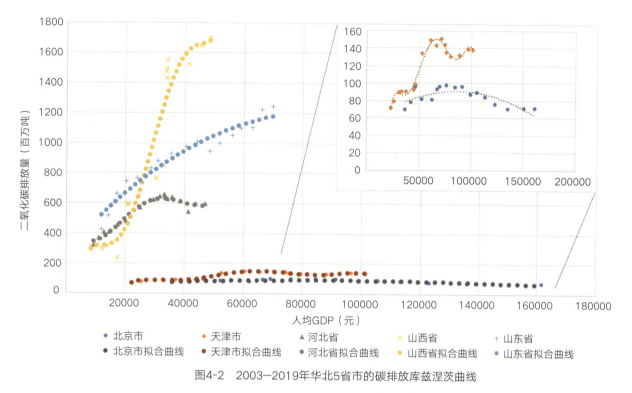

图4-2 2003—2019年华北5省市的碳排放库兹涅茨曲线

（数据来源：国家统计局、中国碳核算数据库）

的顺序，先是北京市、天津市电力行业碳达峰，再次是河北省，最后是山东省和山西省。从电力脱碳难度来看，也是北京市、天津市、河北省、山东省和山西省依次递增。

碳排放库兹涅茨曲线纵向看，华北地区各省市碳排放和碳排放强度跨度级别大，在底层决定了各省市电力碳达峰、碳中和措施迥异。据中国碳核算数据库（CEADs），2019年北京市、天津市、山东省、山西省和河北省二氧化碳排放约为 0.71 亿、1.38 亿、12.4 亿、17 亿、5.9 亿吨。碳排放强度按照北京市、天津市、河北省、山东省和山西省顺序递增，分别为 0.20、0.98、1.70、1.76、10.02 吨／元，山西省碳排放强度依次是北京市、天津市、河北省、山东省的 50、10、6、6 倍。

4.1.3 区域电力碳达峰碳中和路径

华北区域充分利用自身非化石能源，山西省的区域内部送端属性减弱，华北区域整体受端特征更明显。华北区域富煤、少气、少水、核不多、新能源较为富集，降碳目标下统筹好发展和减排的难度较大。预计华北区域与全国同步碳达峰，之后依靠受入外来清洁电和煤电发电量减少实现平稳降碳。远期，在充分开发利用海洋能源、分布式能源、采煤沉陷区光伏基地等清洁能源后，山西省、山东省仍存在较大电力缺口，2060年仍需保留较大规模煤电，并持续受入外来电在区域内统一消纳。特别是山西省，中远期若维持目前外送规模，则 2060 年煤电装机规模需维持峰值 9500 万千瓦左右。

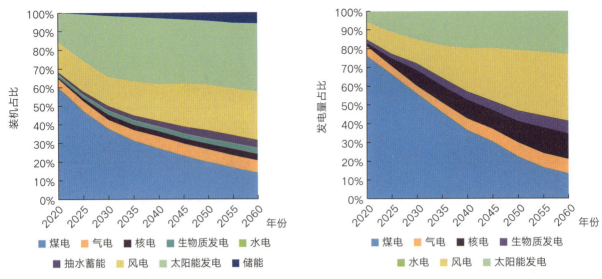

图4-3　华北区域电力装机及发电量结构变化趋势预计

（一）电源发展

2030 年，华北地区电源装机总规模达到 7.1 亿千瓦，其中非化石能源发电装机 4.1 亿千瓦，占比 58%。京津唐地区电源总装机规模 1.6 亿千瓦，非化石能源发电装机占比 61%；河北南地区电源总装机规模 9438 万千瓦，非化石能源发电装机占比 61%；山西省电源总装机规模 1.9 亿千瓦，非化石能源发电装机占比 51%；山东省电源总装机规模 2.7 亿千瓦，非化石能源发电装机占比 59%。

2060 年，华北地区电源装机总规模达到 12.6 亿千瓦，其中非化石能源发电装机 10.5 亿千瓦，占比 83%。京津唐地区电源总装机规模 2.7 亿千瓦，非化石能源发电装机占比 88%；河北南地区电源总装机规模 1.7 亿千瓦，非化石能源发电装机占比 81%；山西省电源总装机规模 3.4 亿千瓦，非化石能源发电装机占比 71%；山东省电源总装机规模 4.9 亿千瓦，非化石能源发电装机占比 89%。

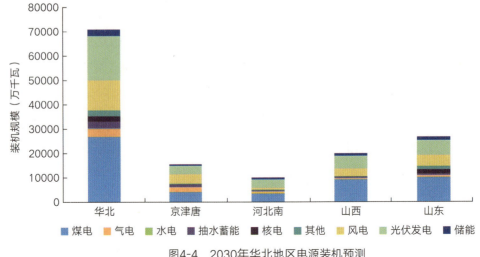

图4-4　2030年华北地区电源装机预测

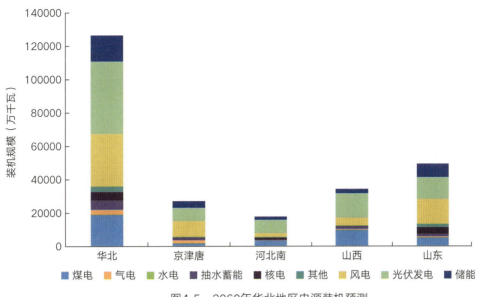

图4-5　2060年华北地区电源装机预测

（二）电力碳减排路径

　　为实现全国对华北地区碳减排路径要求，结合区域电力"双碳"重大问题研判，**华北地区2030年开始就需要进行显著碳捕集。**2030年碳捕集量达到1.08亿吨，将有效促进CCUS规模产业化，2040年前后碳捕集提速，2060年达到4.6亿吨，实现华北地区电力近零排放。从机组CCUS改造规模来看，2030年煤电、气电、生物质发电CCUS改造规模分别为3000万、350万、280万千瓦；2060年煤电、气电、生物质发电CCUS改造规模分别为1.32亿、1940万、2390万千瓦。

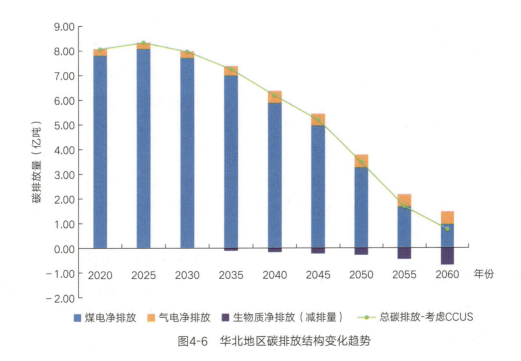

图4-6　华北地区碳排放结构变化趋势

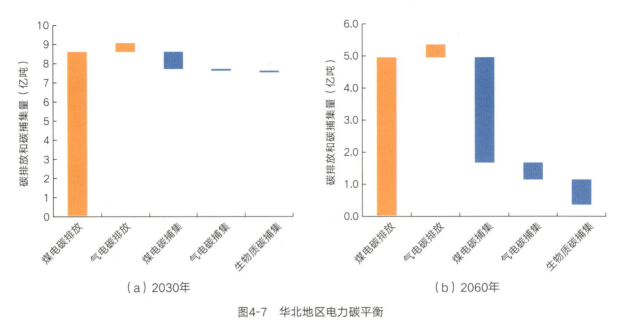

（a）2030年　　　　　　　　　　　（b）2060年

图4-7　华北地区电力碳平衡

（本节撰写人：伍声宇、吴聪　审核人：鲁刚）

4.2　华东区域

　　华东区域包括我国经济发展最活跃、开放程度最高、创新能力最强的长江三角洲（简称长三角）的上海市、江苏省、浙江省、安徽省，以及21世纪海上丝绸之路核心区、自由贸易试验区、生态文明试验区的福建省。服务长江经济带与长三角一体化区域重大战略的实施，在能源资源不丰富、用电需求仍有较大增长预期、电力仍在持续受入的发展形势下，需要统筹好产业布局调整与能源资源开发，加强能源资源多元化发展和区域电力优化配置，持续提升国家高质量发展的重要动力源功能。

4.2.1　区域发展定位

　　华东区域拥有**通江达海、承东启西、联南接北的区位优势**，经济社会发展一直走在全国前列，肩负着**引领全国高质量发展、完善我国改革开放空间布局、打造我国发展强劲活跃增长极的历史重任**，具有全国发展强劲活跃增长极、全国高质量发展样板区、区域一体化发展示范区、新时代改革开放新高地、海峡两岸融合发展示范区的发展定位。

　　全国发展强劲活跃增长极。加强创新策源能力建设，构建现代化经济体系，提高资源集约节约利用水平和整体经济效率，提升参与全球资源配置和竞争能力，增强对全国经济发展的影响力和带动力，持续提高对全国经济增长的贡献率。

　　全国高质量发展样板区。坚定不移贯彻新发展理念，提升科技创新和产业融合发展能力，提高城乡区域协调发展水平，打造和谐共生绿色发展样板，形成协同开放发展新格局，发挥上海龙头带动作用，苏浙皖各扬所长，开创普惠便利共享发展新局面，率先实现质量变革、效率变革、动力变革，在全国发展版图上不断增添高质量发展板块。

区域一体化发展示范区。深化跨区域合作，形成一体化发展市场体系，率先实现基础设施互联互通、科创产业深度融合、生态环境共保联治、公共服务普惠共享，推动区域一体化发展从项目协同走向区域一体化制度创新，为全国其他区域一体化发展提供示范。

新时代改革开放新高地。坚决破除条条框框、思维定势束缚，推进更高起点的深化改革和更高层次的对外开放，加快各类改革试点举措集中落实、率先突破和系统集成，以更大力度推进全方位开放，打造新时代改革开放新高地。

海峡两岸融合发展示范区。充分发挥福建对中国台湾独特优势和先行示范作用。推动闽台基础设施应通尽通，探索厦金合作共建基础设施模式，加快推进与金门通电、通气、通桥。加强闽台产业合作，加强要素保障，支持古雷石化产业基地、宁德动力电池集群等建设集聚两岸资源要素有全球竞争力的产业基地、先进制造业集群。

4.2.2 区域电力发展重大问题

（1）锚定碳中和终期目标，华东区域主要依靠多元化手段保障电力供应，依靠本地核电与海上风电提供电量支撑，保留一定规模的火电充当应急备用。

碳中和是对碳达峰的紧约束，坚持"以终为始"，谋划华东区域电力系统在碳中和年的终期形态：**一是依靠多元化手段保障电力供应**，从华东区域碳中和年来看，电源侧将包括风光水火核储多种类，电网侧实现更大规模的跨区受入、区内电力高度互通互济、大电网与微电网协调互动，需求侧形态丰富、具有一定自治能力，依靠源网荷的高效互动，实现电力安全保障。**二是依靠本地核电与海上风电提供电量支撑**，考虑华东区域的资源禀赋，碳中和年提供主要电量支撑的是华东本地的核电与海上风电，这两类电源发电利用小时数能够相对较高，可开发的资源也较多。**三是保留一定规模的火电充当应急备用**，一方面是应急备用煤电机组，这部分机组主要是对"十五五"前投运机组的转应急改造，另一部分较为重要的是燃气机组，这也是结合华东海上风电制氢后能为气电提供一定发电能源；应急备用的这部分火电，应结合城市负荷中心进行合理布局。

因此，从碳中和谋划华东降碳路径，需要特别注意：第一，**推动核电与远海风电尽早开发**，从而避免在降碳过程中新增过多冗余投资，产生负锁定效应；第二，**加强电网互联互通作用的发挥**，包括区外送入通道与区内互联电网；第三，**强化属地的保供治理效能**，统筹好属地各类能源基础设施，充分调动属地保供自治能力。

（2）华东电力"双碳"路径与产业转移进度强相关，企业主体的ESG诉求将带给跨区产业转移较大不确定性。

第二产业电力消费仍是保持并推动华东用电需求高企的主要因素，第二产业的用电达峰是影响电力需求饱和、决定电力整体降碳路径的关键因素。从政策上看，国家一直推动东部产业向中西部转移，但我国各地区，包括华东区域产业转移规模并未达到预期的那么大。通过对各区域各行业用电量的统计分析，2010 年以来，华东区域有一定规模的橡胶塑料、装备制造业转出。相比 2010 年，2021 年，华东区域行业转入不明显；转出电量为 134 亿千瓦·时，占地区电量增量的 2.9%，其中橡胶和塑料制品业、金属制品业、交通运输/电气/电子设备制造业转出电量分别为 20 亿、44 亿、57 亿千瓦·时，分别占行业电量增量的 7.6%、9.7%、5.7%，主要迁往距离相对较近的江西、湖南、湖北。

根据企业迁移决定模型，在全国各区域电力协调减碳的趋势下，考虑华东微观企业主体的具体 ESG 诉求与华东区域绿色转型进程间可能存在不匹配，将对长三角产业转移带来一定推动力，对东—西方向上的产业转移临界点产生影响❶。这种影响可能会促使长三角中心区产业越过区域内转向皖北地区、直接加快向西部地区进行转移。从而，为华东区域各省市低碳发展路径带来较大不确定性。但同时，我国东部沿海地区自改革开放以来，凭借优越的地理优势承接出口订单，形成了我国最早的以市场因素为主导的产业集群，产生的较强的产业链集聚效应、上下游客户黏性等也是产业转移尚未大规模发生的主要原因。

4.2.3　区域电力碳达峰碳中和路径

华东区域充分发挥非化石能源和新模式新业态参与平衡的作用，由安徽以煤电为主的皖电东送转向福建以非化石能源为主的闽电北送，通过区域特高压环网实现省间互济支撑。华东区域缺化石能源、少水、富核、新能源一般，"双碳"进程受电力需求饱和时点和规模、核电与远海风电规模化开发时点影响较大。预计华东早于全国碳达峰，之后依靠清洁能源"增容增量"实现快速降碳。从非化石能源资源来看，安徽资源禀赋较差，低碳转型难度大；福建资源禀赋优秀，低碳转型可利用资源充裕。因此，从一盘棋来看，由目前以煤电为主的皖电东送转向以非化石能源为主的闽电北送，挖掘长三角地区产业园区综合能源潜力，并利用区域特高压环网进行全网供应与消纳，是一条现实路径。

---

❶ 我国产业转移趋势：东—西方向上，改革开放后，我国并未出现大规模的东西向产业转移，且未来突破产业转移临界点的条件尚未成熟。南—北方向上，改革开放后，我国主要的产业转移方向是南北向，我国北部（包括东北和华北地区）的制造业产业在 20 世纪 90 年代开始了由北向南的转移过程，且目前这种产业的转移过程仍在进行。

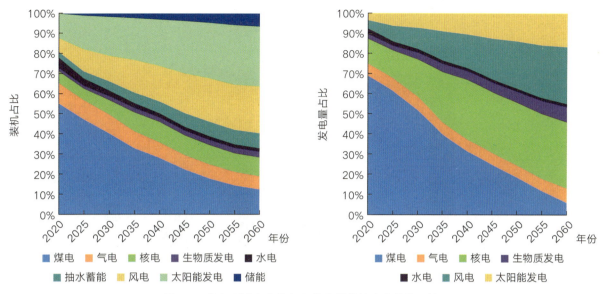

图4-8　华东区域电力装机及发电量结构变化趋势预计

（一）电源发展

2020—2030年，华东区域发电装机规模增长3.1亿千瓦，其中非化石能源发电新增1.9亿千瓦。2030年，华东电源装机总规模达到7.2亿千瓦，其中非化石能源发电装机3.2亿千瓦。上海电源装机规模0.4亿千瓦，其中非化石能源发电装机占比24%；江苏电源装机规模2.1亿千瓦，其中非化石能源发电装机占比39%；浙江电源装机规模

1.8亿千瓦，其中非化石能源发电装机占比46%；安徽电源装机规模1.5亿千瓦，其中非化石能源发电装机占比37%；福建电源装机规模1.4亿千瓦，其中非化石能源发电装机占比62%。

2060年，华东电源装机总规模约12亿千瓦，其中非化石能源发电装机8.1亿千瓦，新能源发电装机6.4亿千瓦，各类储能装机1.7亿千瓦。

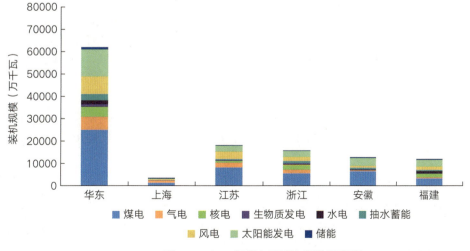

图4-9　2030年华东区域电源装机预测

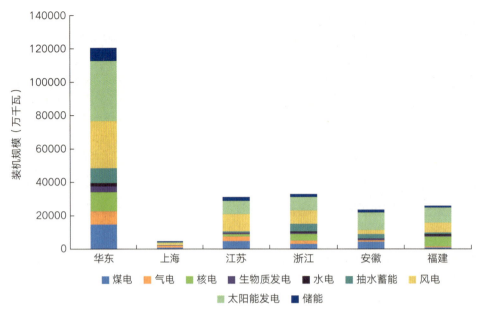

图4-10　2060年华东区域电源装机预测

（二）电力碳减排路径

华东区域电力系统碳排放有望于"十五五"进入峰值平台期，早于全国电力实现碳达峰。预计电力碳排放峰值在 9.8 亿吨以下，碳达峰时间在 2030 年前。

图4-11　华东区域碳排放结构变化趋势

碳达峰至碳中和过程中，电力碳排放稳步下降。2030 年之后电力碳排放稳步下降。预计 2035 年，CCUS 开始发挥较大作用，年碳捕集量达到 0.54 亿吨。2060 年，煤电和气电 CCUS 改造规模达到 5700 万千瓦左右，年碳捕集量达到 0.74 亿吨，生物质 CCUS 改造规模达到 2700 万千瓦左右，年碳捕集量达到 1.42 亿吨，电力系统实现净零排放。

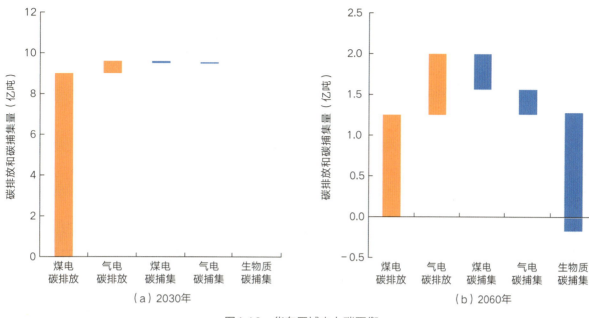

图4-12 华东区域电力碳平衡

（本节撰写人：冯君淑 审核人：刘俊）

4.3 华中区域

华中区域包括河南、湖北、湖南和江西四省，华中地区位于我国中部、黄河中下游和长江中游地区，涵盖海河、黄河、淮河、长江四大水系，具有全国东西、南北四境的战略要冲和水陆交通枢纽的优势，起着承东启西、连南接北的作用。华中地区是我国能源供应较为困难的区域，华中地区的一次能源分布特点是"北煤、南水、西水气"，水能资源十分丰富，但煤炭、石油等能源资源十分匮乏，风能、太阳能等属于三、四类区域，整体能源资源对外依存度高。同时，在中部崛起战略下华中区域经济发展迅速，用能需求保持较快增长，整体用能供需平衡日益紧张。

4.3.1 区域发展定位

从经济发展角度看，华中地区承东启西、连南接北，未来将承担我国经济新增长极的战略定位。 华中地区作为长江中游重要城市群，其城市群密集，产业结构多样，涵盖了制造业、服务业、高新技术产业等多个领域，近些年经济增速整体呈现中高速增长；同时，华中地区产业结构不断优化，部分高耗能产业转移到西部北部，本地大力发展先进制造业。受国家中部崛起政策带动及产业转移和本土产业升级的影响，华中四省迎来发展新契机，经济发展提速。

从能源电力角度看，华中区域处于送受

53

并举的格局，未来作为全国能源电力配置的**中枢作用进一步凸显**。华中区域一次能源匮乏，在大力推进区域内大型保障电源建设、加快区域内新能源装机发展的基础上，还需通过继续扩大从国家大型能源基地引入外来电力规模，并强化电网对能源资源优化配置能力、提高能源资源利用效率等多措并举，切实提升地区电力供应保障能力。从发展阶段来看，华中四省"十四五"期间将处于工业化中、后期阶段，在完成工业化进程以及迈入后工业化阶段的过程中，华中区域电力需求仍然将保持一定的增长速度。

4.3.2　区域电力发展重大问题

（1）跨区电力流送受并举格局和区域内"日"字形环网互济能力是影响华中区域碳达峰碳中和的关键因素。

全国互济方面，华中区域处于送受并举的状态，能否不断完善跨区特高压直流送受互济机制将直接影响华中地区电源结构。随着沙戈荒新能源基地的开发，未来华中受入直流将有望继续增加；同时，华中送东部地区的电力流规模也将继续增加。未来华中送受格局将不断完善，随着送受端负荷特性和资源特性的差异性和互补性，若长时储能得以突破，则华中将能充分发挥好跨区间的互济，实现广域的电力供需平衡。以下三个方面能否重点推进实施是提升跨区互济能力的关键举措：**一**是建立送端多省多能打捆外送机制，以直流起点省份为主，通过市场化方式协调汇集区域内各省（市）水、火、风、光等多类型电源送电需求，建立送端区域"蓄水池"。**二**是建立受端多省共享输电通道机制，以直流落点省份为主，利用区域内各省之间的资源禀赋不同、负荷特性差异，协调汇集各省电力需求形成受端区域"消纳池"。**三**是建立区域间多省协商机制。以区域电网为纽带，将送受端区域多个省（市）纳入特高压直流输电模式协商范围。例如，积极探索华北—华中联网方案，加强区域电网间的联系。

华中区域内互济方面，借助内"日"字形环网，充分发挥各省负荷特性的时空互补和新能源资源的互补效应。建设华中"日"字形特高压交流环网，既可以加强华中区域电网网架结构，又能增强各省之间资源互济，确保华中电网安全稳定运行。随着华中特高压"日"字形网架投产后，四省间的互济模型将从临时性电力交易转变为常态化的互济运行模式，有助于四省间互为备用，进一步降低整体的备用率，进而降低系统装机容量，有利于实现降碳。

（2）是否发展内陆核电是影响华中地区碳达峰碳中和能否顺利实现的关键战略选择。

华中地区核电站址资源可观，且我国已具备了在内陆建设核电的技术储备和运行管理经验，可按照"先沿海、后内陆"的路径，适时启动核电建设。截至 2022 年底，我国在运的 54 台核电机组和在建的 23 台核电机组，全部分布在沿海地区。仅在沿海地区布局和发展核电，已难以满足内陆省份经济发展对能源日益增长的需求，以及电网安全稳定运行的需要。华中地区拥有较为丰富的核电站址资源，也已有部分厂址开展了前期工作。内陆发展核电安全方面，受国家能源局委托，2015 年，中国工程院组织 21 位两院院士和 20 位行业资深专家，针对华中地区三个核电厂址安全以及对长江水资源影响进行了评估论证。在厂址安全、对长江水资源的影响以及地震安全方面均表明华中地区发展核电其安全是有保障的。

从技术经济性上看，华中地区未来的内陆核电上网电价将具备一定的竞争力，不会从总体上抬升华中地区的电价水平。经过 30 多年的发展，我国核电技术已实现从二代到三代的跨越，建成了先进、完整的核电全产业链。在华中地区建设核电，已属于三代核电后续的批量化建设项目，近期批量化建设的"华龙一号"等三代核电上网电价将在 0.43 元／（千瓦·时）左右。三代核电远期规模化发展后，还具备继续降低投资成本的潜力。

（3）气电能否规模化发展是华中地区实现碳减排的重要影响变量。

目前，华中地区气电发展相对缓慢，主要受气源限制。但根据相关研究，华中部分省份如湖南已知的页岩气资源大体有 10 万亿米^3，主要分布在湘西、湘东、湘中、湘北地区，如果能开采其中的 2.5 亿米^3，将会完全改变湖南的能源格局；河南等生物质较多，其中部分可用于生物质制天然气。预计 2060 年，华中区域气电装机规模达到 1752 万千瓦，以河南、湖南为主，其中湖南天然气主要来自页岩气，河南天然气部分来自生物质制天然气。

考虑华中地区其他能源资源相对缺乏，未来华中地区实现化石能源的清洁化利用是大势所趋，**低碳气电结合 CCUS 实现净零排放将是重要的发展途径。**低碳气电结合 CCUS 技术被认为是实现华中地区能源清洁化的重要途径。通过低碳气电结合 CCUS 技术，华中地区可以在保证能源供应的同时，大幅减少对环境的负面影响。这不仅有助于改善空气质量和生态环境，还能够推动经济可持续发展。此外，低碳气电结合 CCUS 技术的应用还能够促进能源结构的优化和转型，推动华中地区向更加清洁、可持续的能源体系转变。然而，实现这一目标，仍然面临一系列挑战，需要各方共同努力，加大投入和合作，以推动华中地区能源的清洁化利用。

4.3.3 区域电力碳达峰碳中和路径

华中区域在全国互联电网中的中枢节点特征更加明显，一方面协调长江流域的西南送端与华东受端的互联互通，另一方面通过跨省跨区互济促进"两湖一江"的保供与转型。华中区域缺化石能源、富水、富核、新能源一般，考虑水电开发程度已经较高，内陆核电的开发进程直接决定了华中能否比较经济地降碳。华中区域预计晚于全国碳达峰，之后主要依靠 2045 年开始规模化发展的内陆核电实现快速降碳。华中区域送受并举格局和区域内"日"字形环网互济能力是影响华中区域碳达峰碳中和的关键因素，随着中部崛起战略下"两湖一江"经济发展与用电需求提高，需要充分利用华中环网实现华中各省间、长江流域各区域间的负荷时空互补和新能源资源互补。

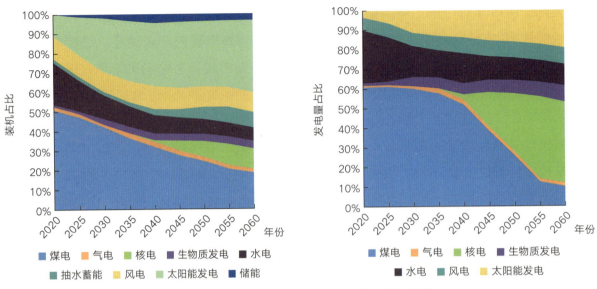

图4-13　华中区域电力装机及发电量结构变化趋势预计

（一）电源发展

华中区域电源结构逐渐清洁化，非化石能源装机占比大幅提升，风、光等新能源成为主力装机电源。华中地区电源结构逐渐清洁化，火电等化石能源装机占比不断降低，非化石能源装机占比从2020年的45%分别提升至2030年、2040年、2060年的54%、64%和71%，其中，以风、光为主的新能源占比从2020年的23%分别提升至2030年、2040年、2060年的38%、46%和49%，基本实现电源结构的清洁化转型。2040年开始，光伏发电超过煤电装机成为第一大发电电源，占比达到34%。

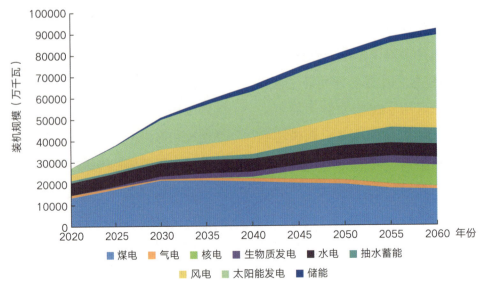

图4-14　华中地区2020—2060年电源装机规模变化趋势

2020—2060 年间约 59% 的新增发电量为非化石能源发电。 2020—2060 华中非化石能源发电量占比大幅提升,2030 年非化石能源发电量达到 5793 亿千瓦·时,占比 42%,其中新能源发电量约 1743 亿千瓦·时,占比约 16%。2060 年非化石能源发电量达到 1.18 万亿千瓦·时,占比 57% 左右,其中新能源发电量约 5256 亿千瓦·时,占比约 26%。2020—2060 年约 59% 的新增发电量为非化石能源发电。

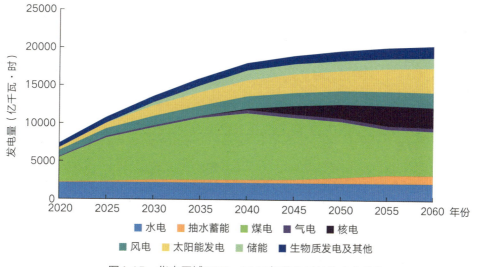

图4-15　华中区域2020—2060年发电量结构变化趋势

(二)电力碳排放路径

不考虑 CCUS 和碳汇情况下,**华中区域整体碳排放先增后减,2040 年左右碳达峰,峰值约 8.13 亿吨,2040 年后快速下降,2060 年无法实现碳中和。** 经过计算可知,由于华中一次能源资源相对匮乏,而经济稳步增长导致电力需求除了新增新能源满足部分外,仍需由煤电和气电等常规化石电源保障电力供需平衡,碳达峰后煤电气电等灵活性资源难以快速退出运行,导致系统碳排放居高不下。

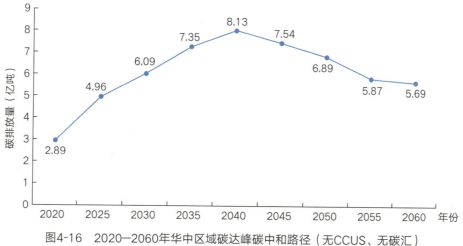

图4-16　2020—2060年华中区域碳达峰碳中和路径(无CCUS、无碳汇)

　　从各省碳排放现状来看，河南碳排放量较大，峰值为 2.6 亿吨；湖北由于产业结构相对优化，其单位 GDP 能耗较小，峰值较河南小，约 2.1 亿吨；湖南和江西由于其 GDP 在华中区域占比较小，对应碳排放较小。

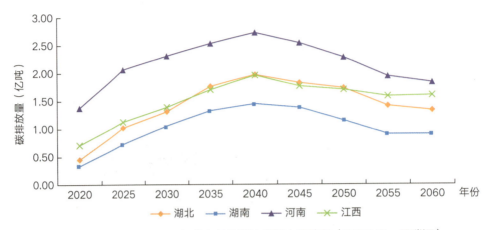

图4-17　2020—2060年华中各省碳达峰碳中和路径（无CCUS、无碳汇）

　　考虑 CCUS 情况下，**为化石能源发电配备除碳技术（如 CCUS）是华中地区实现"双碳"目标的重要途径。**为使华中区域顺利实现"双碳"目标，且考虑全国梯次达峰及跨区域间的碳交易等情况，以 2060 年华中实现近零排放（即允许华中区域电力部门存在少量的碳排放）为目标，合理安排 CCUS 的部署时序和规模。

　　加装 CCUS 装置后，华中区域碳达峰由 2040 年提前至 2035 年实现，峰值降为 6.12 亿吨，2060 年基本实现近零排放。在不同水平年给煤电、气电和生物质发电按照一定比例安装 CCUS 装置后，华中区域整体碳排放降低，且达峰时间提前。

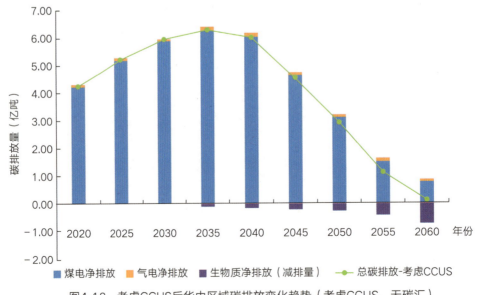

图4-18　考虑CCUS后华中区域碳排放变化趋势（考虑CCUS、无碳汇）

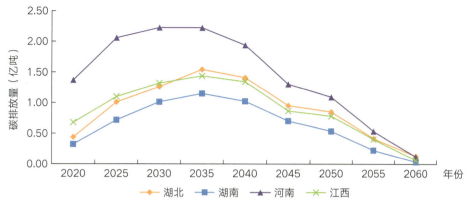

图4-19 考虑CCUS后华中各省碳排放变化趋势（考虑CCUS、无碳汇）

（本节撰写人：傅观君、张晋芳 审核人：鲁刚）

4.4 东北区域

东北区域除东三省（辽宁、吉林和黑龙江）外，还包含内蒙古自治区。考虑到内蒙古自治区在电力领域会存在东、西两区域（蒙东电网与内蒙古电网）的划分，因而本报告在讨论经济、资源、人口和碳排放等领域时，将内蒙古自治区作以整体讨论。而在讨论电力领域尤其是边界条件等内容时，需将东西部分别进行统计和讨论，其中，内蒙古东部（即蒙东电网所辖赤峰、通辽、兴安与呼伦贝尔）地区与东三省一并纳入东北电网进行讨论和分析。

4.4.1 区域发展定位

习近平总书记在新时代推动东北全面振兴座谈会上提出，牢牢把握东北在维护国家"五大安全"（即国防安全、粮食安全、生态安全、能源安全、产业安全）中的重要使命。东北地区是我国重要的工业和农业基地，维护国家"五大安全"的战略地位十分

重要，关乎国家发展大局。与东北类似，内蒙古也肩负着我国北方重要生态安全屏障、祖国北疆安全稳定屏障、国家重要能源和战略资源基地、农畜产品生产基地以及我国向北开放重要桥头堡的国家战略定位。

东北和内蒙古均具备较为重要的生态地位，从生态安全角度即不再适宜大规模开展粗放式开发。内蒙古自治区横跨我国东北、华北和西北地区，是我国北方面积最大、种类最全的生态功能区，生态地位极其重要，但生态环境极为脆弱。其生态状况不仅关系全区各族群众生存和发展，还关系华北、东北、西北乃至全国生态安全。而东北森林带是我国"两屏三带"（"青藏高原生态屏障""黄土高原—川滇生态屏障"和"东北森林带""北方防沙带""南方丘陵山地带"）生态安全战略格局的重要组成部分，是我国重点国有林区和北方重要原始林区的主要分布地、沼泽湿地最丰富最集中的区域，旗舰

野生动植物物种众多，对我国生态安全极其重要。随着多年来的粗放式发展，当地的生态环境受到严重破坏，新发展格局下，必须把生态安全屏障建设摆在压倒性位置，把生态环境保护挺在前头，已不再适宜进行传统的高耗能、高排放发展方式。

能源安全是东北和内蒙古地区对全国能源战略的重要贡献。根据"积极稳妥推进碳达峰碳中和"的战略要求，聚焦于东北地区在能源自给程度、能源消费结构、电力稳定程度等领域存在的现实困境，持续推进在加强能源产供储销体系建设、加快能源绿色低碳转型、提高电力安全保障水平等方面的能力建设。对内蒙古而言，按照国家规划，内蒙古将成为全国最大的清洁能源输出基地，建设国家重要能源和战略资源基地的内涵将进一步丰富。内蒙古建设成为我国重要的能源和战略资源基地，是国家立足于全国发展的大局，精准把握内蒙古产业发展的优势特色和优先方向，为内蒙古量身定制的发展定位。目前，随着经济的不断发展，打造内蒙古能源基地建设来保障我国能源安全尤为必要。内蒙古在保障能源的安全发展中，必须向着绿色、低碳、高效的能源基地方向建设。预计未来，我国东北还将承担电力外送的重要职能，而内蒙古更将一直作为我国煤炭、电力尤其是新能源电力外送基地承担能源安全的重要作用。

此外，东北地区、内蒙古河套地区等还将作为我国乃至区域性的商品粮基地，承担我国**粮食安全**的重要任务，尤其是东北地区需当好国家粮食稳产保供"压舱石"。要始终把保障国家粮食安全摆在首位。从**产业安**全的角度讲，战略性新兴产业和先进制造业也均将作为东北和内蒙古地区高质量发展的重要支撑，加快培育战略性新兴产业和先进制造业，将是两地从传统高耗能产业转变发展引擎、迈向高质量发展的重要途径。最后，两者地处我国北疆，内蒙古内连八省区、外接俄蒙，是祖国"北大门"、首都"护城河"，东北地区北邻俄罗斯，毗邻朝鲜半岛，在**国防安全**乃至国家总体安全大局中战略地位均极为重要。

4.4.2 区域电力发展重大问题

（1）解决经济发展历史问题、实现东北老工业基地振兴是关系东北电力"双碳"路径的根本问题。

考虑到东北地区当前的经济发展态势，经济发展问题（包括其所涵盖的人口问题、产业经济问题等）是东北地区电力"双碳"路径所需考虑的首要问题。东北地区经济发展历史问题能否有效解决、经济发展能否跳出当前的困境走上新的台阶、人口外流问题能否得到本质扭转，以及东北老工业基地最终振兴与否，不仅决定着东北地区电力领域碳排放总量、电力电量需求以及碳达峰碳中和目标的实施路径等未来水平年的信息，甚至对于东北地区当前所处的阶段都会形成决定性的影响。

对于东北地区而言，未来社会经济发展相对缓慢，人口持续呈现负增长态势，其碳达峰模式可能为经济发展缓慢导致的被动达峰结果。虽然经济停滞和人口外流从客观上也可以实现达峰甚至提前达峰的作用，但从长远来看，这种方式并不利于东北地区的高质量和可持续发展。从相对极端的情景下讨论，如果东北地区未来将长期处于这种发展态势且无法实现根本性的扭转，那么东北地区未来碳达峰碳中和目标的实施路径与全国其他地区将存在根本性的差异。而如果碳排放峰值降低到当前水平甚至以下，则代表东北地区目前已经基本实现了碳达峰，且是以被动达峰的消极方式实现的。

对于内蒙古地区而言，转换新动能的成功与否也将是影响其"双碳"实施路径的重要因素。 近年来，在西部大开发的战略支持下，内蒙古地区综合经济区经历了人口规模、经济和城镇化率的强劲增长。此外，该地区第二产业占比普遍较高、能源利用效率较低，煤炭消费比重下降缓慢甚至出现上升趋势，使得难以实现碳达峰目标。因此，优化产业结构、改善能源结构将可能显著约束碳排放增长，提升能源利用效率并对现有高新技术进行推广利用也将会促进内蒙古尽早实现碳达峰。

（2）煤电利用小时数或将持续降低，未来东北需要确立更加合理的煤电机组运行机制。

在"双碳"目标约束的背景下，新能源开发的进程将持续加速，对于风光资源丰富的东北和内蒙古地区更将如此。 东北地区是松辽清洁能源基地所在，东北三省的风光资源具备巨大开发潜力，而内蒙古一直是我国风光发电装机规模位居前列的地区，四省区在我国电力版图上的地位至关重要。在实施新型电力系统构建以及实现"双碳"目标过程中，上述地区的新能源开发进程持续加快也将是大势所趋。

电力需求不振和新能源开发加速将持续影响煤电利用水平。 东北地区历来具备"大电源、小负荷"的区域电力供需特征，考虑未来新能源发电装机规模的迅速增加以及本地用电需求增速不高等因素，煤电的发电电量将受到严重挤压。然而，因为风光发电难以为系统提供电力支持，东北地区仍需保留一定规模的煤电机组，在发电量持续被新能源发电挤占的情况下，煤电利用小时数也将持续下降。

（3）东北和内蒙古仍将面临能源电力发展的刚性要求，对能源电力转型构成巨大挑战。

东北和内蒙古地区面临民生采暖等刚性需求，上述地区相较我国其他地区将呈现出对煤电的更强依赖性。 考虑到东北和内蒙古地区的特殊地理位置，其冬季气候寒冷，采暖季漫长，在东北老工业基地振兴和内蒙古完成新旧动能转换的前提条件下，随着上述地区人口的回流和经济活动的加剧，其建筑采暖面积也将显著增加，民生采暖需求将愈发旺盛。

考虑到"煤改气"以及新能源采暖等新供暖形式在东北和内蒙古地区尚不具备技术经济性等方面的明显优势，其采暖需求将主要依托煤电和生物质能。 届时，东北和内蒙古地区的煤电装机比例将可能较其他地区更高，且其中相当一部分为中小容量的供热机组，其节能水平和调节性能等可能较大型机组存在一定差距，叠加经济发展形势向好的前提下人均生活用能情况的增加，上述地区的碳排放控制或将因此面临巨大压力。

4.4.3 区域电力碳达峰碳中和路径

东北区域在东北振兴的发展预期和民生供暖的刚性需求下，考虑统筹好自用与外送，近中期仍具有送电华北的能力。东北区域化石能源一般、少水、核不多、新能源富集，"双碳"目标下面临统筹好自用和外送的挑战，近中期仍具有一定的外送能力。东北区域预计早于全国碳达峰，之后主要依靠新能源对煤电的替代实现快速降碳。东北拥有松辽清洁能源基地和辽宁海上风电基地，考虑未来本地水电、风电、光伏、核电资源高比例开发，以及华北的受入需求，东北区域仍有能力持续送电华北。

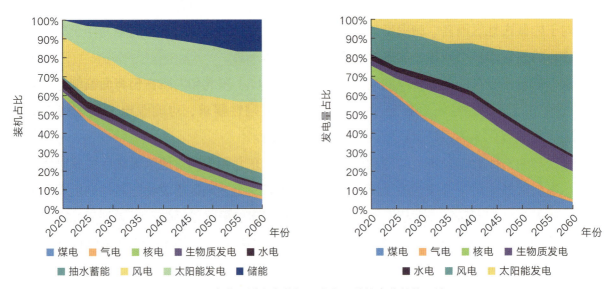

图4-20 东北区域电力装机及发电量结构变化趋势预计

（一）电源发展

从装机规模来看，东北地区发电装机规模将持续攀升，主要增量来自风电和太阳能发电装机。据估计，风电和太阳能发电规模均将在 2040 年左右超过煤电，考虑东北地区风资源条件更适宜开发的资源禀赋，风电将是东北地区装机规模最大的电源类别。

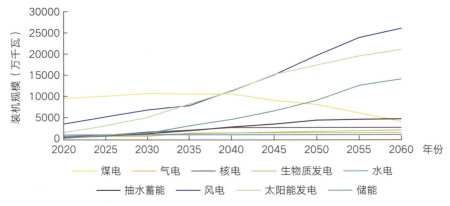

图4-21 2020—2060年东北地区电源装机规模变化曲线

从电源（不含抽水蓄能和储能）装机结构来看，东北地区煤电占比将持续降低，新能源发电占比持续提升，预计2060年仅风、光发电占比即超过80%。预计煤电装机占比将在2060年降低到10%以下，其他常规电源都存在发展约束，未来增长幅度有限。**水电方面**，东北地区水电资源逐步接近开发上限，不再具备开发潜力。**核电方面**，受站址等资源约束，核电装机规模最高约达2500万千瓦，且均将部署在辽宁地区，其他地区不具备明显的核电开发潜力。**气电方**面，东北地区天然气资源高度依赖进口，且考虑到气源成本居高不下以及民生采暖等保障性用气会挤压本地发电用气规模，因此气电发电规模也不会有大规模的增长。由于东北地区采暖季未来将高度依赖煤电和生物质发电，尤其是生物质作为近零排放的能源类别，其未来在民生供暖领域具备巨大发展潜力，因此，生物质发电所需的燃料将被供暖产业分走一部分，发展上限也将受到影响。除风、光发电之外，其他电源总装机规模占比不足20%。

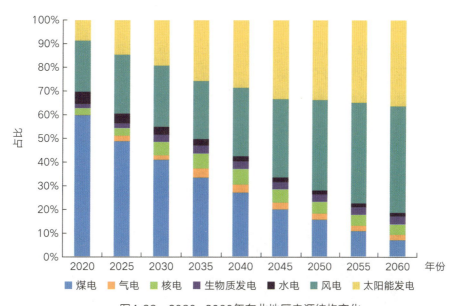

图4-22　2020—2060年东北地区电源结构变化

分省来看，东北地区煤电装机规模基本可以在2030年前达峰，经过一段时间的平台期之后，2040年开始下降。考虑煤电仍将发挥压舱石作用以及东北地区电源结构相对单一（尤其是吉、黑、蒙地区）等现状，近中期东北地区的电力供应仍将高度依赖煤电。大约2040年之后，随着新能源发电和储能装机规模的持续扩大，煤电的支撑能力得到了有效的替代，加之煤电机组陆续进入退役期，煤电装机规模开始加速下降。到2060年，除辽宁省略高之外，其他省区煤电装机规模均将在2000万千瓦以下。

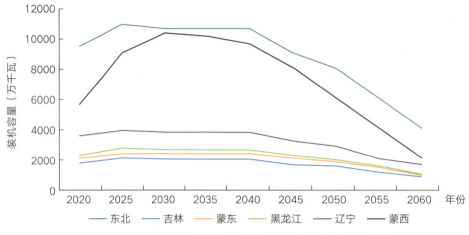

图4-23　2020—2060年东北及内蒙古地区煤电装机容量变化曲线

（二）电力碳排放路径

从碳排放来看，东北地区依托生态资源优势，在 2050 年之前始终保持较高的碳减排量，但尚不足以平衡电力行业的碳排放，因此仍需要依赖 CCUS 完成碳捕集。据估计，2060 年，东北地区仍需依托 CCUS 等技术完成碳捕集约 1 亿吨（暂认为全区森林资源每年可以平衡 0.8 亿吨以上来自电力行业的碳排放，且随着时间的推移，减排量呈微量增长趋势）。分省来看，东北地区的主要碳排放源仍为辽宁省。

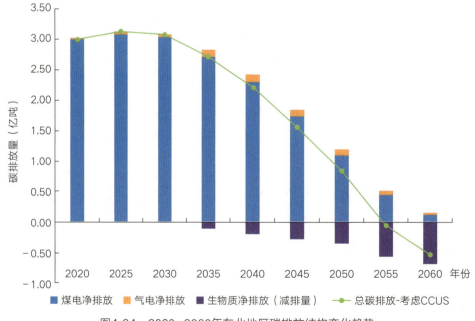

图4-24　2020—2060年东北地区碳排放结构变化趋势

（三）供热受阻情况

从供热需求来看，预计未来东北地区供热负荷较现在不会有显著的增长。供热负荷主要与供热面积有关，而供热面积主要考虑人口和人均居住面积等因素。根据国家统计局发布的《中国人口普查年鉴2020》数据显示，我国家庭户人均居住面积达到41.76米^2，平均每户居住面积达到111.18米^2，其中，我国城市家庭人均居住面积为36.52米^2，东北三省的人均居住面积基本在35米^{2}左右。总体来看，考虑到住房普遍存在大城市住房紧张、人房矛盾更为突出的特点，预计未来人均居住面积不会有明显提高趋势。尤其是考虑到未来我国乃至东北地区的人口变化趋势，**未来东北地区的供热负荷将不会有显著增长，更可能呈现下降趋势。**

从供热结构来看，预计未来东北地区的供热将呈现出燃煤、生物质直燃或气化、新能源、燃气以及地热等多种形式并存但整体更为绿色和低碳的趋势。当前我国北方城镇供热面积已将近150亿米^2。在各类供热方式中，燃煤供热依然占据绝对比例，燃煤供热占比约72%（燃煤热电联产45%、燃煤锅炉房27%），天然气占比约20%（燃气锅炉房10%、燃气壁挂炉7%、燃气热电联产3%），电供热占比4%，可再生能源供热占比3%，工业余热供热占比1%。随着碳达峰碳中和目标的深入贯彻和相关行动的持续落地，高排放的燃煤供热方式将得到显著的削减和大范围的改造优化。

与电力发展边界条件强相关的供热形式，主要在于燃煤、燃气和生物质供热方面。其中，燃煤供热相关技术已极为成熟，燃气供热在价格合理和用量有保障的前提下也可以考虑，生物质则可因地制宜推广应用。其中，生物质是国际公认的零碳可再生能源，具有资源储量丰富、分布广、开发潜力大、低碳、可持续利用等优势，但由于其种类多且分散，开发利用程度有限，部分生物质甚至被视为废弃物，当前利用水平普遍不高。考虑东北地区作为我国粮食基地的定位和森林保有量巨大、适宜粮食作物生长的自然禀赋，其具备较为广阔的应用空间。

在本报告的边界条件设置中，东北与内蒙古地区未来仍将保留一定量的燃煤发电机组，不仅需要其发挥电力支撑和应急等作用，还需承担民生供暖等基础保障作用。此外，考虑到生物质供暖在上述地区的发展潜力，未来其在供暖领域也将扮演重要角色，尤其是在对燃煤供暖的替代方面。而因为生物质供暖的燃料需求与生物质发电产生重叠，因此，在考虑生物质供暖迅速发展的前提下，本报告对各省生物质发电机组的装机容量的评估，也将显著低于其所能支撑的生物质发电装机容量上限。

（本节撰写人：夏鹏、吴聪　审核人：伍声宇）

4.5 西北区域

西北区域包括陕西、甘肃、青海、宁夏和新疆，东临山西，南接川藏，西北延伸至我国边境，与俄罗斯、蒙古国、哈萨克斯坦等接壤。西北地区是丝绸之路的起点、西部大开发的重点区域，拥有丰富的能源资源，接续开发潜力大。其中，陕西、宁夏和新疆是我国重要的煤炭生产和利用基地，甘肃和青海则是我国新能源发展先驱和产业高地。党的十八大以来，在资源优势的驱动下，西北地区经济社会发展取得重大历史性成就，民生福祉显著提高，三大攻坚战圆满完成，民主法治持续推进，文化建设繁荣发展。

4.5.1 区域发展定位

西北区域地处亚欧大陆腹地，地域辽阔、资源丰富，是我国边陲重地，为我国发展提供了巨大的战略回旋空间，主要体现在安全、资源、产业、生态等方面。

国家边疆安全屏障。边疆安全与稳定，历来是一个国家繁荣发展的基础保障。西北地区边境线漫长，同 8 个国家接壤，多个同源民族在此跨国而居，其边疆安全问题具有民族特殊性和历史延续性。自西汉以来，西北地区一直是我国统一安定、分裂动乱的热点地区，也是中西文明融通交汇的必经之地。在当代，西北地区是连接我国与中亚、西亚、欧洲的重要通道，"丝绸之路经济带"横贯整个西北边疆地区。在当今世界局部冲突和动荡频发的大背景下，西北地区作为大国欧亚战略博弈的前沿，**其边疆安全不仅关乎我国自身安全，也关乎向西开放下我国与中亚、南亚的共同安全秩序，具有特殊重要的战略地位。**

国家资源开发保障基地。我国 7 大农产品主产区中，西北地区有 2 个 ❶，承担着保障我国粮食等农产品供给和建设特色生态农业的重任。西北地区草原广阔，占全国草原面积的 40% 以上，其中新疆、青海、甘肃分别为我国六大牧区之一。西北地区拥有得天独厚的区位优势以及种类众多的地方牲畜良种，畜牧业资源优势突出，是我国重要的畜产品供给与消费地。西北地区能源和矿产资源潜力巨大，煤炭、石油、天然气和清洁能源富集区带明显，有色、稀有、黑色金属非常丰富，还是钾盐、钠盐等化工原料矿产的重要产地。

国家产业转移绿色承接地。基于改革开放后东西部发展差距逐步拉大的现实情况及共同富裕的本质要求，党中央提出"西部大开发"战略，鼓励西部地区加快承接国内、国际产业转移，缩小区域经济发展差距，实现区域协调发展和共同富裕。"双碳"目标提出以来，更多用能企业，尤其是外向型企业在绿色电力需求的强烈驱动下，倾向于转移至绿色电力供应充足、价格便宜、就地就近使用的西北地区，为西北地区承接国内、

---

❶ 甘肃新疆主产区和汾渭平原主产区。

国际产业转移带来新的历史机遇。

国家生态安全屏障。根据国家主体功能区规划，在我国 25 个国家重点生态功能区中，三江源、祁连山等 7 个在西北地区。西北地区是全球大江大河、冰川、雪山及高原生物多样性最集中的地区之一，长江、黄河、澜沧江发源于此，承担着重要的水源涵养、水土保持和防风固沙作用，对流域水资源及其中下游生态安全、全球气候变化有巨大的调节作用。

4.5.2　区域电力发展重大问题

（1）新发展格局与"双碳"目标下，西北地区产业发展高质量要求与低水平现状的主要矛盾，给中远期电力需求增长带来不确定性。

产业结构亟待优化、融合程度不高，承接东中部高端产业面临困难。西北地区产业结构以煤炭、石油及化工等能源工业为主，依赖投资拉动和资源等一般性生产要素投入，具有高耗能、高污染、低价值等属性。这种强能源依赖的产业发展路径导致产业链条短、精细化分工的产业链条尚未成熟、产业基础薄弱，高端制造和现代服务业等发展迟滞。在与东南沿海地区以信息技术为支撑的高附加值产业对接时，既缺乏硬件设施条件，又难以推动人、财、物等生产要素高效流动，产业转移承接迟缓。

创新能力面临资金、人才、政府治理和市场环境等多重制约，产业发展缺乏内生动力。西北地区创新投入规模和强度均不足。2021 年，西北地区研发经费投入约为 1006 亿元，占全国研发经费投入的比重仅

为 3.6%，五省区研发经费投入强度均低于全国水平（2.44%）。受经济发展总体水平不足影响，西北地区本地人才外流现象严重，对外部人才的吸引力不强。西北地区政府管理较为僵化，市场活力严重不足，也制约了西北地区的创新发展。

居民收入低，消费意愿和能力不强，进一步影响西北地区投资和生产水平。西北地区人均可支配收入与全国平均水平差距较大，陕西、甘肃、青海、宁夏和新疆分别排名全国第 19 位、第 31 位、第 27 位、第 20 位、第 26 位，总体排名靠后。西北地区城乡收入差距较大，五省区城乡收入差距分别排名全国第 5 位、第 1 位、第 4 位、第 7 位、第 13 位，总体排名靠前。低收入水平下，住房、汽车、教育培训等中高端商品服务消费需求不足，进一步影响西北地区投资和生产需求。

新发展格局与碳中和目标下，西北地区产业转型发展既有挑战也有机遇。我国经济已由高速增长阶段转向高质量发展阶段，要求以供给侧结构性改革为主线，增强供给结构对需求变化的适应性和灵活性；坚持创新驱动发展，塑造发展新动能新优势。碳中和目标的提出也对我国未来产业发展和布局提出更高要求，严控化石能源消费，积极推行清洁生产，提升能源资源利用效率。可以看到，西北地区经济和产业发展现状与新发展格局和碳中和目标都存在一定差距，这将倒逼西北地区以重工业为主的产业结构转型、突破低水平发展循环。同时，碳中和目标也为西北地区产业发展带来历史机遇。西北地区可再生能源资源丰富，在培育发展新能源

产业，加强与西方、中亚地区相关贸易合作等方面具有得天独厚的优势条件。**因此，做好清洁能源发电等新兴技术和产业规划布局将是西北地区实现"后发赶超"的关键因素。**

西北地区对本地电力需求增长持较高预期，但能否实现预期仍取决于产业升级和转移承接态势。 预计到 2030 年、2060 年西北地区最大负荷和用电量分别达到 2023 年的 1.5 倍和 1.6 倍、2.7 倍和 2.9 倍。到 2060 年，西北地区电力需求增长才趋于饱和，比全国晚 15 年。2025—2060 年间，西北地区用电量五年增速比全国高 0.6~1.5 个百分点，成为拉动全国电力需求增长的主要动力。然而，西北地区产业升级和转移承接进程仍不明朗，给电力需求增长带来较大不确定性。这将直接影响未来西北地区电力供应的总量、结构和布局，以及西北地区电力外送支撑全国碳达峰碳中和的能力。

（2）煤电－新能源二元结构下，本地和外送电力供应保障与新能源消纳利用两难的主要矛盾。

当前，西北地区电源结构呈现煤电、新能源"平分天下"的格局，缺少除煤电以外的其他保供和调节电源资源。 2022 年，西北地区电源装机总规模约为 3.8 亿千瓦，其中，火电、新能源发电和水电装机规模分别达到 1.8 亿、1.6 亿、0.4 亿千瓦左右，占比分别约为 47%、43% 和 9%。西北地区位于内陆深处，不像沿海地区拥有能同时提供电力和电量的清洁核电；还缺少大江大河流域，不像西南地区拥有大规模清洁水电；受"西气东输"战略下本地气源不足、价格承受能力有限等因素影响，还缺少碳排

放只有煤电一半的过渡性电源——气电。因此，"双碳"目标倒逼煤电规模达峰并逐步下降的情况下，西北地区缺少其他可选的后备常规电源。此外，受地质地形和站址资源影响，西北地区发展抽水蓄能的基础条件不强，而煤电以供热为主、自备电厂占比较高，调节能力也相对有限，总体来说缺少优质的调节电源资源。

未来，电力电量硬缺口和新能源利用率下滑将在西北地区长期共存，单纯依靠"风光＋储能"难以根本解决问题。 受工业化和城镇化快速发展拉动，2035 年，西北地区最大负荷较 2022 年翻一番。若不考虑 2030 年后煤电增长，2035 年西北地区电力缺口将达到最大负荷的 30% 左右；同时受风光连续低出力影响，2035 年，西北地区日电量缺口达到 8 亿千瓦·时。新能源消纳方面，新能源大规模增长带来利用率持续下滑，2035 年将下降至 85% 左右。若仅考虑"风光＋储能"的方式保障电力平衡，则还需分别新增上亿级的新能源和储能规模，这又将带来巨大的消纳及成本问题，陷入平衡与消纳的"恶性循环"。

（3）能源电力外送基地定位下，外送意愿和规模的持续增长与本地电力供应保障能力不足、承接碳排放转移压力大的主要矛盾。

对于西北地区来说，电力外送具有经济、社会和科技等全方位的辐射带动效应和产业聚集效应，成为西北地区推动高质量发展的关键抓手。 建设电力跨区输送通道为西北地区注入大规模投资，除推动电力生产和供应业增加值上涨、创造直接经济收入外，

还能拉动煤炭、新能源产业链延伸升级，助力建筑业、运输业、服务业发展，引入先进的产业和技术，增加就业岗位。为把资源优势持续转化为经济动力，西北地区政府主管部门的电力外送意愿强烈，预计电力外送规模还将不断增长。根据初步摸排，2030—2040年间，西北地区还将新增电力跨区外送通道5~6回，新增外送规模约4000万~5000万千瓦。

碳中和阶段，电力外送规模增长可能挤压本地支撑性煤电规模，给本地电力保供带来压力。 2030年后，受碳达峰目标实现和国际舆论压力影响，再增加煤电指标难度较大。在持续加大电力外送的倾向下，争取的煤电指标将优先用于解决通道配套支撑性煤电需求。2030—2040年间，在新增5~6回外送通道的情况下，考虑每条通道配套的煤电装机规模调减为200万千瓦，外送配套煤电还需新增超过1000万千瓦。这将进一步加大本地内用支撑性煤电指标的争取难度，提高本地电力缺口的填补难度。

在工业化和城镇化的快速进程中，西北地区主动达峰并中和的难度较大，其支撑全国碳达峰碳中和带来的碳排放转移，目前还缺少科学认定。 不同于我国东中部地区已进入工业化中后期，西北地区总体处在工业化初期向中期的过渡阶段，还需要十余年的发展时间。因此，西北地区经济和产业发展仍依赖不断增长的原料投入和安全稳定的能源供应，对能源消费总量和化石能源消费量都提出了更高的要求，这意味着碳排放还需要较大增长空间。从西北地区高耗能、高排放产品和服务的流向看，相当一部分电力、硅

料等产品送至东中部地区，对支撑东中部和全国碳达峰碳中和作出了巨大贡献。**这种区域间隐性碳排放转移的背后是发展权、气候责任的公平划分问题，必须高度重视。应考虑区域间经济和能源活动的联系与分工体系，构建隐性碳排放的科学核算方法，指导不同区域间碳排放配额合理分配。**

（4）产业转移绿色承接地定位下，当前西北地区以低电价为主要优势吸引产业转移与未来电价优势减弱的主要矛盾。

当前，西北地区低电价优势促使多晶硅、大数据中心等高电耗企业加大向西北地区布局。 2021年，西北地区燃煤发电基准价在0.26~0.35元/（千瓦·时）之间，较长三角地区平均约0.4元/（千瓦·时）的燃煤上网电价低0.05~0.14元/（千瓦·时）。新能源电价方面，2021年起，光伏和陆上风电实现平价上网，按当地燃煤发电基准价执行。若企业使用自备电厂供电，用电成本将进一步降低。对于电耗成本占大头的企业来说，西北低电价吸引力较大，叠加用地成本低廉和当地政府给予的补贴优惠，部分高电耗企业已加速向西北地区转移。

新能源电量渗透率和灵活电源投资成本"双高"带来系统成本快速上升，未来可能持续削弱西北相对其他地区的电价优势。 新能源系统成本随新能源电量渗透率不断提高而陡增，受西北地区新能源大规模并网影响，其电量渗透率远高于其他地区。2022年，西北地区新能源电量渗透率达到29%，高出国网经营区平均水平14个百分点。相应地，系统成本达到整体水平的2倍以上。新能源系统成本还与灵活调节电源投资成本

密切相关，西北地区抽水蓄能资源条件一般、价格偏高，在建抽水蓄能单位造价大多在6800元/千瓦以上，较华东和华北地区分别高800、300元/千瓦。近中期以抽水蓄能为主要灵活调节电源的发展路径将进一步削弱西北地区电价优势。

4.5.3　区域电力碳达峰碳中和路径

西北区域作为我国资源开发保障基地与产业转移绿色承接地，多措并举实现高比例新能源电力系统下的本地保供和通道外送，

扎实做好全国"清洁动力源"。西北区域富煤、富气、多水、无核、多新能源，未来将形成接近100%"风光储"的电力系统，成为全国"清洁动力源"。预计西北晚于全国碳达峰，之后依靠新能源对煤电的替代实现快速降碳。为了保障极高比例"风光储"电力系统稳定运行，要在统筹好自用和外送下多措并举，包括配备更高比例的具有调节和支撑能力的光热发电、加强西北跨区互联通道的互济运行、配备一定规模长周期储能、保留一定煤电在冬季发挥顶峰作用等。

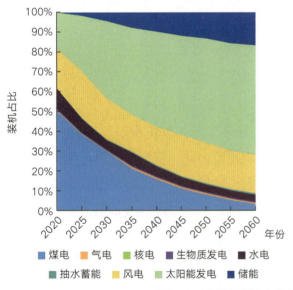
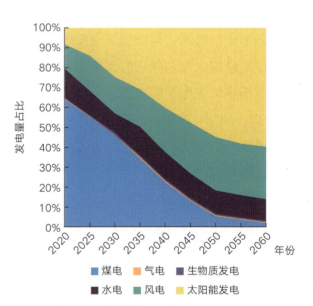

图4-25　西北区域电力装机及发电量结构变化趋势预计

（一）电源发展

2022—2030年，西北地区非化石能源发电装机规模增长4.1亿千瓦，占新增装机的79%。2030年西北地区电源装机总规模达到8.9亿千瓦，其中非化石能源发电装机6.1亿千瓦，占比68%，较2022年提高14个百分点。分省区来看，陕西、甘肃、青海、宁夏和新疆电源装机规模分别达到1.9亿、1.7亿、1.3亿、1.3亿、2.8亿千瓦，非

化石能源发电装机占比分别达到54%、74%、94%、67%和64%。

2030—2060年，西北地区非化石能源发电装机规模增长14.2亿千瓦，其中风电、光伏和光热发电分别新增装机规模2.5亿、6.3亿、2.0亿千瓦。2060年电源装机总规模达到21.4亿千瓦，其中非化石能源发电装机占比95%，新能源装机占比73%。

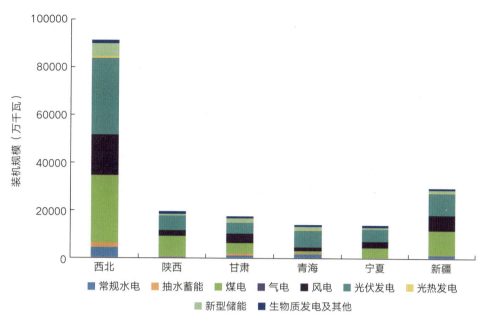

图4-26　2030年西北地区电源装机预测

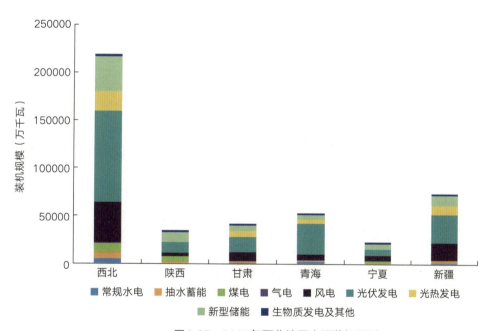

图4-27　2060年西北地区电源装机预测

（二）电力碳减排路径

预计西北地区电力碳排放在 2035 年前后达峰，碳排放峰值约 8.6 亿吨，主要来自煤电。2035 年后，西北地区电力系统碳排放进入下降区间。CCUS 碳捕集预计在 2040 年前后实现规模化应用，预计 2060 年西北地区电力系统实现近零排放。

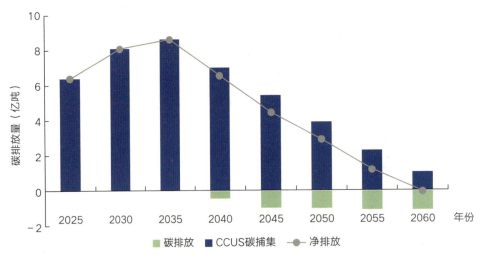

图4-28　西北地区电力碳排放结构变化趋势

不考虑加装 CCUS 装置，西北地区电力碳排放在"十六五"期间达到峰值，峰值约 8.6 亿吨，之后进入下降区间，下降速度先慢后快，到 2060 年电力碳排放约 1.8 亿吨。分省区来看，陕西、甘肃、青海、宁夏和新疆电力碳排放均在"十六五"期间达到峰值，峰值分别为 2.8 亿、1.2 亿、0.2 亿、1.3 亿、3.3 亿吨左右。陕西和宁夏受新能源资源潜力难以满足电力需求增长需要影响，到 2060 年煤电仍需承担电量供给功能，因此仍有较多碳排放。甘肃、青海和新疆新能源资源潜力丰富，到 2060 年煤电发挥灵活调节和应急备用功能，碳排放较少。

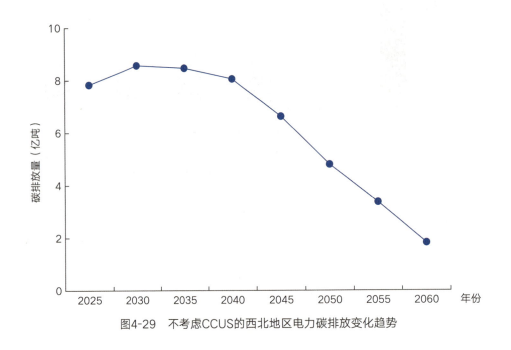

图4-29　不考虑CCUS的西北地区电力碳排放变化趋势

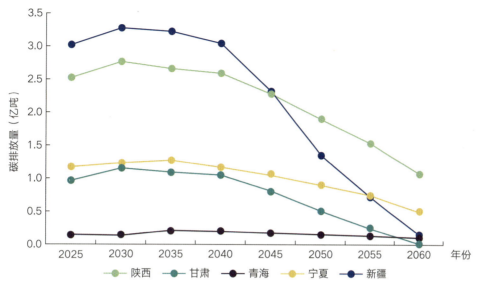

图4-30　不考虑CCUS的西北五省区电力碳排放变化趋势

　　通过加装 CCUS 装置，西北地区到2060年实现电力近零排放。2040 年前后，西北地区逐步实现火电机组加装 CCUS 的规模化应用，电力净排放快速下降。到 2060 年，煤电和气电 CCUS 碳捕集量分别达到 1.6 亿、0.14 亿吨，西北地区实现电力近零排放。分省区来看，到 2060 年，陕西、青海、宁夏和新疆的火电碳捕集量分别达到 1.1 亿、0.1 亿、0.5 亿、0.1 亿吨，五省区均实现电力近零排放，加装 CCUS 对陕西和宁夏实现电力净排放至关重要。

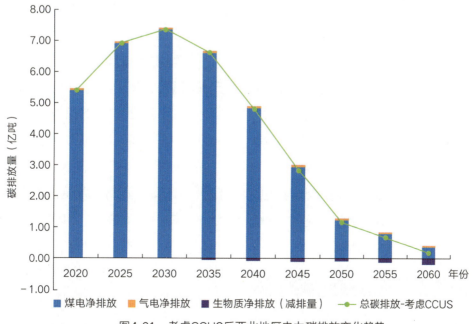

图4-31　考虑CCUS后西北地区电力碳排放变化趋势

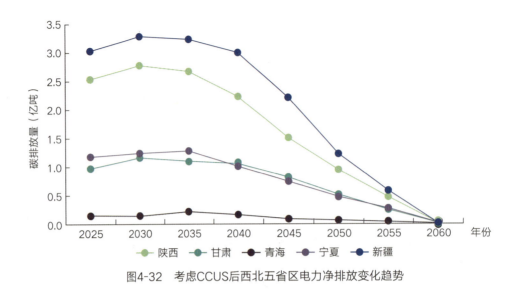

图4-32 考虑CCUS后西北五省区电力净排放变化趋势

（本节撰写人：吕梦璇　审核人：鲁刚）

4.6　西南区域

西南区域包括四川省、重庆市和西藏自治区。研究团队分析了西南区域的经济、资源、电力发展现状，研判了区域发展定位，即西南地区应更多担负起承接东部产业转移的重任、应成为全国能源清洁低碳发展先行者和其他地区低碳转型的重要支撑。在此基础上，提出了西南区域电力"双碳"路径重大问题：一是国家打造经济增长极成渝经济圈以及产业逐步西移将推动西南电力需求快速增长，需要更大的碳排放空间；二是西南剩余水电电力电量如何分配是关系电力"双碳"路径的重大影响因素；三是以水电为主的电源结构对新型能源体系建设过程中统筹电力保供和消纳提出巨大挑战。

4.6.1　区域发展定位

西南地区既是西部大开发战略、实施生态保护战略的重点区域，也是支撑"西电东送""西气东输"的主要支点，在国家经济发展、"双碳"目标实现过程中拥有重要的战略地位。

（1）西南地区应更多担负起承接东部产业转移的重任。

西南地区资源禀赋优势有利于吸引东部产业转移。2010年，国务院印发《关于中西部地区承接产业转移的指导意见》，是深入实施西部大开发和大力促进中部地区崛起战略的重大任务，对促进区域协调发展具有十分重大的意义。西南水能资源可开发量居全国第一，矿产种类齐全，有近三十种储量名列全国前茅，还有一些特色的优势资源，比如钒、钛、稀土等资源储备在全国首屈一指，丰富的资源是吸引东部产业转移的亮点。

西南地区电价便宜是承接东部产业转移

的优势条件。在政策和市场的共同推动下，以电解铝、晶硅光伏产业为代表的高耗电产业发生了大规模的向西南地区的产业转移，电费成本是影响产业转移的重要因素，西南地区拥有全国 70% 的水电资源技术开发量，成为我国重要的清洁能源战略基地，为承接产业转移奠定了基础。未来水风光一体化基地等规划将继续凸显西南区域的电价优势，承接和吸纳高耗能产业转移的能源基础更加坚实。

东西部地区之间存在显著的产业梯度，存在产业转移的现实基础。 我国东部地区急需产业结构优化升级来突破经济发展的瓶颈，通过产业向外转移来更加集中地发展高技术产业和现代服务业。西南地区的经济发展落后，产业结构调整能够焕发其新的经济活力，通过承接东部地区以制造业为主的产业转移，能够提升其生产技术水平，加快经济发展进程。

（2）西南地区是全国能源清洁低碳发展先行者和其他地区低碳转型的重要支撑。

西南地区是我国重要的清洁能源基地，在全国一盘棋统筹下，是推动能源清洁低碳转型的先行者。 自 1998 年开始，四川累计向受端省份输送清洁能源超过 10000 亿千瓦·时，成为全国最大的清洁能源基地。"十三五"期间，四川累计向华东、华中、华北、西北、重庆等输送水电 6698 亿千瓦·时，提升了清洁能源跨区输送能力，更好地担负起服务"西电东送"国家战略的川电责任。预计到 2025 年，四川水风光装机发电量仍将保持全国第一，具备打造全国最大的水风光一体化可再生能源综合开发基地

的发展潜力。西藏是我国重要的国家安全屏障、生态安全屏障、清洁能源资源接续基地。近中期，西藏规划将建设金沙江上游清洁能源基地、藏东南清洁能源基地、澜沧江上游清洁能源基地、藏中清洁能源基地等清洁能源基地。

西南地区是我国实现碳达峰碳中和目标的战略支撑区。 我国东部及中部地区经济相对发达，能耗总量大，但可再生能源资源不足，土地资源日趋紧张，未来在区域协调发展中，主要是承接西电。西南地区通过承接东部产业转移，积极布局发展晶硅光伏、动力电池、新能源汽车、节能环保等绿色低碳优势产业，通过多品类清洁能源的协同配合、提升清洁能源远距离输送和大范围配置能力，将清洁能源优势转化为高质量发展优势，在保障国家能源安全和促进能源绿色低碳转型中将发挥重要支撑作用。

4.6.2 区域电力发展重大问题

（1）国家打造经济增长极成渝经济圈以及产业逐步西移将推动西南电力需求快速增长，需要更大的碳排放空间。

近年来，产业转移对西南地区产业结构的影响逐步显现。 习近平总书记指出四川"在国家发展大局特别是实施西部大开发战略中具有独特而重要的地位"，要求"加强成渝区域协同发展"。在国家打造经济增长极成渝经济圈以及产业逐步西移的情况下，包括新兴产业在内的落户规模持续增长，如四川正加快打造成都—眉山—乐山千亿元晶硅光伏产业"经济走廊"和"产业集群"，将乐山打造成全球最大的多晶硅光伏产业制

造基地和"中国绿色硅谷"。积极构建以宜宾为主导，成都、遂宁等地协同发展的动力电池产业发展的新格局，已形成上中下游配套齐全、布局完整的产业链。

随着成渝地区双城经济圈、"一带一路"建设进入全新阶段，西南地区高端产业将加速聚集，带动电力需求快速增长。当前东部地区逐步迈向工业化后期，西南地区的能源资源、劳动力成本与土地资源等比较优势逐步显现，在四川，2023 年 1—4 月，晶硅光伏产业、动力电池产业发展迅速，拉动电气机械和器材制造业用电量同比增长 109.86%。未来，随着更多的东部先进制造业企业落地西南地区，西南地区电力需求将保持快速持续增长。预计"十四五"末，晶硅光伏、动力电池等绿色高载能产业用电量达约 700 亿千瓦·时。由于新增负荷利用小时数高，对连续供电要求较高，而西南本地水电、新能源发电不稳定，电力系统调峰仍需火电支撑，需要更大的碳排放空间。

（2）西南剩余水电电力电量如何分配是关系电力"双碳"路径的重大影响因素。

西南地区发展诉求日益强烈，能源资源将越来越变成经济发展的硬约束。西南特别是四川地区特色产业用电需求增长空间巨大，近年来呈现急剧增长的势头，按照当前趋势研判，成渝地区双城经济圈将继续保持为用电负荷中心，全社会用电量增速将持续高企，西南地区作为支撑"西电东送"的主要支点，面临复杂的能源供需矛盾。西南地区将趋向于把清洁能源留在当地，不断延伸产业链，改变以往的能源电力供需格局，将清洁能源资源优势转化为产业和经济优势，

能源资源越来越变成经济发展的硬约束。

未来，西南剩余水电电力电量如何分配将对西南电力"双碳"路径产生重大影响。2000 年，国家正式提出实施西电东送战略，作为西部大开发战略的重要组成部分，西电东送支撑发挥大电网优势，保障了全国能源转型中的电力供应安全，促进了区域协调发展。近年来，随着水电的大力开发，我国水能资源的利用程度已超过 80%，剩余待开发水电集中在西南地区。西南本地具有显著的源荷分离特征，如四川电源、用电空间上 80% 交错逆向分布，西藏水电主要分布在藏东南地区，负荷集中在藏中地区。在经济发展和"双碳"目标推动下，西南电力电量平衡难度增大，自身对清洁能源的需求将愈发迫切，剩余水电电力电量在全国如何合理分配，将深刻影响西南区域电力系统发展形态和"双碳"转型路径。

（3）以水电为主的电源结构对新型能源体系建设过程中统筹电力保供和消纳提出巨大挑战。

近年来西南地区电源生产的结构性矛盾凸显。西南地区电源结构单一，有调节能力的龙头水库建设相对滞后，"靠天吃饭"特点明显，地区水电的调节能力不足。四川水电装机占比高达 80%，全网 2/3 为径流式水电，径流式水电无调节能力。西藏水电整体调节能力差，大部分为径流式水电，仅有 4% 的机组具备年调节能力，受外送通道限制和调节能力不足制约，午间新能源大发时段存在弃光情况，丰水期存在弃水情况。

随着极端天气越来越频繁，以水电为主的电源结构灾害抵抗能力低，对电力保供造

成巨大挑战。水、风、光等可再生能源易受影响，导致出力大幅下降，特别是水电，一旦遇到"丰期大枯水"之年，极易发生超出调控能力的供电缺口，给西南乃至全国电力系统安全带来严重威胁。2022年，四川遭遇了历史同期最少水电出力、最高用电负荷、最长持续时间的"四最"叠加局面，受来水不足影响，水电供电支撑能力大幅下降，四川全省水电发电能力下降五成以上，最大电力缺口1700万千瓦（相当于黑龙江全省最大用电负荷）。2023年，习近平总书记在四川考察时强调，"要科学规划建设新型能源体系，促进水风光氢天然气等多能互补发展"，长远看，西南地区要合理配置包括火电在内的各类电力保供资源，加快构建稳定可靠、多能互补的能源格局。

4.6.3　区域电力碳达峰碳中和路径

西南区域随着成渝地区成为国家新的增长极，考虑水电易受极端天气影响，通过统筹好两个"西电东送"促进电力安全稳定供应。西南区域缺煤、多气、富水、有核、新能源一般，未来仍有较大用电需求增长空间，协调好两个"西电东送"将面临更大挑战。预计西南区域与全国同步碳达峰，之后煤电发电量减少，实现平稳降碳。西南区域水电资源十分丰富，考虑成渝地区未来仍有较大用电需求增长空间和西藏水电外送需求，需要充分利用好、协调好两个"西电东送"，提高两个"西电东送"的互联互济能力，发挥"西部向东部"对"川西向川东"的应急支援能力。

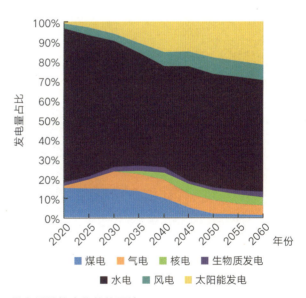

图4-33　西南区域电力装机及发电量结构变化趋势预计

（一）电源发展

2020—2030年，西南地区非化石能源发电装机规模增长1.1亿千瓦，占新增装机的82%。2030年西南电源装机总规模达到

2.6亿千瓦，其中非化石能源发电装机规模2.1亿千瓦，占比80%，较2020年提高5个百分点。四川电源装机规模2.0亿千瓦，非化石能源发电装机占比85%；重庆电源装机

规模 4220 万千瓦，非化石能源发电装机占比 43%；西藏电源装机规模 2000 万千瓦，非化石能源发电装机占比 95%。

2030—2060 年，西南地区非化石能源发电装机规模增长 4.7 亿千瓦，其中太阳能发电新增装机规模 2.6 亿千瓦，水电新增装机规模 9180 万千瓦。2060 年电源装机总规模达到 7.4 亿千瓦，其中非化石能源发电装机占比 91%，新能源装机占比 47%，水电装机占比 32%。

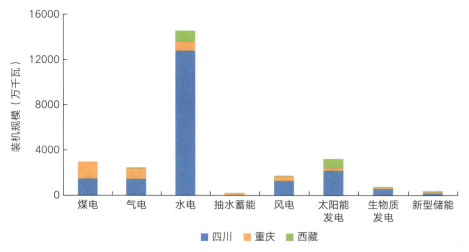

图4-34　2030年西南地区电源装机预测

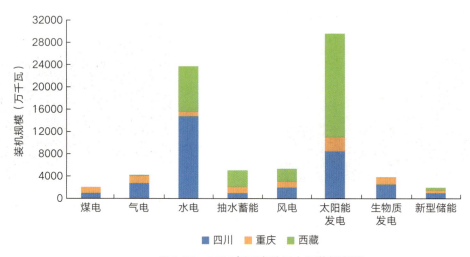

图4-35　2060年西南地区电源装机预测

（二）电力碳排放路径

西南地区电力系统碳排放有望于 2030 年前达峰，早于电力需求总量达峰时间。预计电力碳排放峰值约 1.3 亿吨，达峰时间在 2030 年前，从电力需求看，2060 年有望在当前基础上"翻一番"。

碳达峰至碳中和过程中，电力碳减排路径呈现先慢后快的下降趋势。2030 年之后电力碳排放缓慢下降，2045 年前后碳减排速度明显加快。预计 2045 年，电力系统净排放1.1亿吨。2060年，煤电和气电CCUS改造规模达到1480万千瓦左右，年碳捕集量达到1950万吨，生物质CCUS改造规模达

到1150万千瓦左右，年碳捕集量达到5500万吨，电力系统实现净零排放。

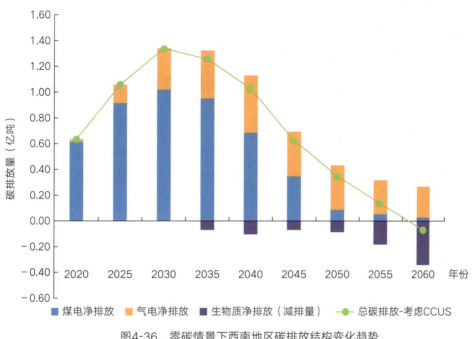

图4-36　零碳情景下西南地区碳排放结构变化趋势

从各省份碳排放现状来看，重庆电源结构以火电为主，碳排放量较大，峰值约7000万吨；四川由于电源结构以水电为主，峰值较重庆小，约6000万吨。

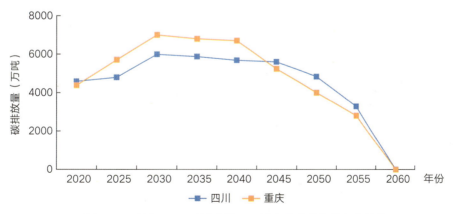

图4-37　考虑CCUS后西南地区四川及重庆碳排放变化趋势

（本节撰写人：孙广增、王炳强　审核人：伍声宇）

4.7 南方区域

南方区域包括广东省、广西壮族自治区、云南省、贵州省、海南省，拥有粤港澳大湾区、深圳中国特色社会主义先行示范区、海南自由贸易港、西部陆海新通道等重大战略定位，并且毗邻东南亚，具有承接"一带一路"高质量发展、推进基础设施互联互通的地理优势。锚定南方五省区碳达峰碳中和与经济社会高质量发展的目标，南方区域应做好区域内能源资源多元化发展和区域电力优化配置，从源头推动经济结构、产业结构、能源结构、消费方式、市场机制的根本转型。

4.7.1 区域发展定位

国家对南方区域所赋予了粤港澳大湾区、深圳中国特色社会主义先行示范区、海南自由贸易港、西部陆海新通道等重大战略定位，叠加新型城镇化、乡村振兴战略的纵深推进，为南方区域电力发展带来了新的增长空间和发展潜力，对电力保障也提出了更高的任务要求。电网发展需要积极融入区域协调发展战略，更好服务和支撑区域协调发展战略、新型城镇化、乡村振兴战略。

从电力发展来看，积极推动源网荷储协同规划，提升电力系统综合调节能力。统筹协调电网规划建设与生态环境保护要求。统筹不同区域、不同电压层级电网发展，推动主配网、城农网协调发展。统筹推进"风光水火储"一体化能源基地建设。统筹区域能源资源开发利用，深化西电东送、拓展北电南送、接续藏东南、融合粤港澳、联通东南亚，构建更大范围的资源优化配置平台，实现东西部可持续协调发展。统筹电网投资需求与投资能力，提高电网投资有效性。

4.7.2 区域电力发展重大问题

（1）区域五省区具有差异化的经济发展模式，除广东用电量 2035 年后趋于饱和外，其余四省区用电需求保持持续增长。

"两区"建设将推动广东电力需求刚性增长。近中期随着"两区"建设将继续深入推进，广东将成为全国经济增长的重要增长极，推动省内用电需求持续刚性增长。新兴产业快速发展是电力需求的重要驱动因素，"十四五"期间，广东将形成电子信息、汽车、智能家电、机器人、绿色石化等五大世界级先进制造业集群。预计广东全社会用电量 2035 年后进入饱和，饱和规模在 1.0 万亿千瓦·时左右。

传统产业改造升级推动广西稳步增长。近中期，广西将重点推动高技术及装备制造建设，加大力度进行产业升级，建设形成以汽车产业集群和铝精深加工产业集群为主的六大产业集群，全方面、立体化改善广西产业结构，促进广西稳步发展。预计 2030 年、2060 年，广西全社会用电量分别达到 3500 亿、5100 亿千瓦·时。

绿色载能产业成为云南用电需求最主要驱动因素。云南继续加快打造世界一流"绿色能源牌"，推动清洁电力与载能产业深度融合，进一步发展水电铝材一体化等载能产业,在水电铝硅等绿色载能产业驱动作用下,云南电力需求将持续增长。预计2030年、2060年,云南全社会用电量分别达到3360亿、4600亿千瓦·时。

大数据中心等信息产业逐步成为贵州新的需求增长点。"十四五"期间,贵州电力需求增长除了在电解铝、铁合金、化工、电烤酒等传统产业外,大数据中心等信息产业将得到快速发展,成为新的增长点。预计2030年、2060年,贵州全社会用电量分别达到2840亿、4100亿千瓦·时。

第三产业、居民用电仍是海南重要的增长点。"十四五"期间,海南将紧扣"三区一中心"战略定位,加快自贸区和自贸港建设,重点加快旅游业、现代服务业和高新技术产业发展。海南产业结构将继续向第三产业主导模式转变,预计2030年、2060年,海南全社会用电量分别达到610亿、770亿千瓦·时。

(2)区内清洁电源发展后劲不足,南方区域电力绿色发展的可持续性面临挑战。

水电是南方区域最主要的清洁能源,但后续待开发规模有限。广东、广西、贵州、海南的水电开发程度已经较高,云南尚有2000万千瓦以上的开发潜力,但考虑移民安置、生态环保红线及电价影响,开发存在较大不确定性。另外,水电装机占比较高的情况下,天然来水不确定性对南方区域供电安全将产生较大影响。

南方区域新能源资源有限,新能源难以满足所有替代化石能源的需求。新能源可开发规模约4.3亿千瓦,其中陆上风电、海上风电、光伏发电分别为1.3亿、1.8亿、1.2

亿千瓦左右。仅靠风电、光伏发电经济环保可开发容量,难以保障区内长远能源电力需求,南方区域电力绿色发展的可持续性面临挑战。由于新能源发电具有波动性、间歇性、随机性的特点,预计间歇性、时段性电力供应紧张局面将长期存在,新型电力系统构建阶段性过程中,电力、电量双缺局面可能经常性出现。

(3)按照深化西电东送、拓展北电南送、接续藏东南、融合粤港澳、联通东南亚的思路,构建更大范围的电力资源优化配置平台。

区域内西电东送的可持续性及保障能力减弱。南方区域以清洁电力为主的西电东送面临着云南水电增送不足、后续乏力的困难,藏东南大规模清洁水电开发进度难以衔接,澜湄区域短期内不具备大规模回送条件。一方面,随着云南贵州自身电力需求增长,后续省内电源主要将用于保障自身电力供应及存量西电东送规模。另一方面,区内西电东送水电比例较大易受天然来水影响,南方区域西电东送水电占比超过80%,且一半以上为径流式,调节能力弱,供电易受来水形势影响。预计未来西电东送电量及特性受天然来水情况影响将更为明显,来水偏枯年份将对送受端电力供应带来较大压力。

展望远期,南方区域需要统筹推进"风光水火储"一体化能源基地建设,统筹区域能源资源开发利用,深化西电东送、拓展北电南送、接续藏东南、融合粤港澳、联通东南亚,构建更大范围的资源优化配置平台,实现东西部可持续协调发展。

4.7.3　区域电力碳达峰碳中和路径

南方区域拥有更加均衡的多元电力供应结构，利用海洋能源优势，更好优化区域内的西电东送。 南方区域多煤、缺气、富水、富核、新能源一般，未来需要继续利用好海洋能源，形成多元化的非化石能源供应体系。预计南方早于全国实现碳达峰，之后煤电发电量减少，实现平稳降碳。考虑区位条件与资源禀赋，南方将形成较为均衡的"水—火—核—风—光"多元电力供应体系，2060年各类电源装机占比均不超过30%，由此，能够提高云贵水电受阻时"两广"电力供应保障能力。

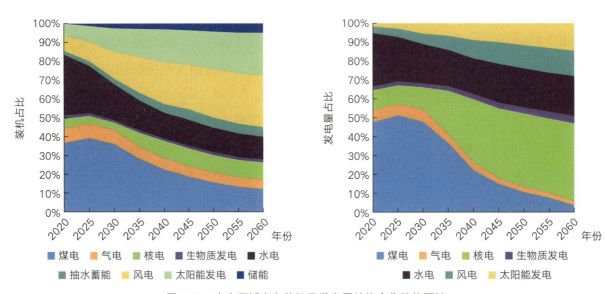

图4-38　南方区域电力装机及发电量结构变化趋势预计

（一）电源发展

2020—2030年，南方区域发电装机规模增长3.2亿千瓦，其中非化石能源发电新增1.5亿千瓦。2030年，南方区域电源装机总规模达到7.1亿千瓦，其中非化石能源发电装机规模3.6亿千瓦。

2030—2060年，南方区域发电装机规模增长5.4亿千瓦，其中非化石能源发电新增5.5亿千瓦。2060年，南方区域电源装机总规模达到12.5亿千瓦，其中非化石能源发电装机规模9.1亿千瓦，新能源发电装机规模6.3亿千瓦，各类储能装机规模6200万千瓦。

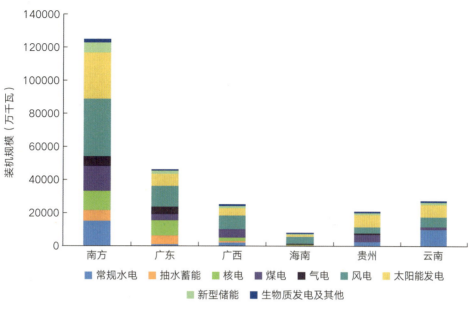

图4-39　2060年南方区域电源装机预测

（二）电力碳减排路径

南方区域电力系统碳排放基本与全国电力系统同步达峰。预计电力碳排放峰值在7.9亿吨左右，达峰时间在2030年附近。

图4-40　南方区域碳排放结构变化趋势

碳达峰至碳中和过程中，电力碳排放稳步下降。2030年之后电力碳排放稳步下降。预计2040年以后，CCUS开始发挥较大作用。2060年，煤电和气电CCUS改造规模达到5600万千瓦左右，年碳捕集量达到0.27亿吨，生物质CCUS改造规模达到2100万千瓦左右，年碳捕集量达到0.77亿吨，电力系统实现净零排放。

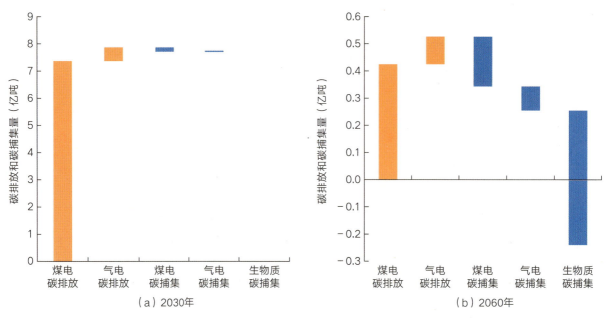

图4-41　南方区域电力碳平衡

（本节撰写人：罗莎莎、冯君淑　审核人：刘俊）

5 >>> 典型省区 电力发展展望

省级行政区是实现区域协调发展的执行着力点。本章选取山东、湖南、辽宁、新疆、四川五个省区开展专题研究。面向"双碳"目标，这些省区的选取具有一定的热点性和典型性，比如山东作为传统煤电大省该如何转型、在 2022 年汛期偏枯后怎样设计水电大省四川的转型路径。未来，也将结合发展形势的变化，更新选取典型地区，滚动进行研究。

5.1 山东省

山东省是我国重要的工业基地和北方地区经济发展的战略支点，全国唯一拥有 41 个工业大类齐全的省份。这也使其成为我国的二氧化碳排放大省，煤电装机总量和全社会碳排放总量均约占全国的 1/10，其"双碳"完成直接影响全国碳减排目标的完成。因此，探索其碳减排途径对于整个华北地区具有示范和借鉴意义。此外，山东省非化石能源资源丰富，被赋予深化新旧动能转换和推动绿色低碳高质量发展的历史使命，其政策举措和实践经验可以提供宝贵的参考，有望为更广泛的区域提供有效的"双碳"发展策略。

（1）充分发挥山东省海洋大省的优势，发展海上风电、核电等清洁能源将是山东省能源转型的重要方向。

2060 年，山东省风电、光伏发电、核电、生物质发电等可再生能源发电量占比本省供应的 80% 以上，风电是第一大发电电源，电量占比接近四成，核电第二，电量占比接近三成。2060 年前，山东省 4145 万千瓦核电、6150 万千瓦陆上风电、8780 万千瓦海上风电、1.3 亿千瓦太阳能发电等可再生能源资源开发潜力全部开发殆尽。

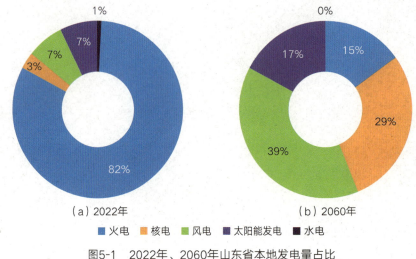

（a）2022年　　　　（b）2060年

■ 火电　■ 核电　■ 风电　■ 太阳能发电　■ 水电

图5-1　2022年、2060年山东省本地发电量占比

特别地，关于远深海的海上风电发展，若仅从电力系统供应成本最经济的角度看，不考虑风能产业发展的平稳性和风机制造的可行性，情景分析提示 2035 年前全部海上风电优先开发完。这是因为相较于山东省陆上风电和光伏发电处于全国中等偏下的利用资源情况，尽管海上风电造价偏高，但由于海上风电年利用小时数达到陆上风电和光伏发电的 2~4 倍，仍具有明显度电技术经济性优势。

（2）即便在碳中和阶段，山东省仍需要煤电发挥兜底保供的重要作用，延续全国煤电大省的定位与实现"双碳"目标并不矛盾。

2060 年，山东省全社会最大负荷 2.26 亿千瓦，考虑备用 3000 万千瓦，需要有效容量 2.56 亿千瓦。风电、光伏发电、核电和已确定受入交直流的有效容量合计 1.26 亿千瓦，仅能满足约一半的有效容量需求，其余 1.3 亿千瓦有效容量需要煤电、气电、生物质发电、储能或外电支撑满足。考虑到气电、生物质发电受气源、生物质资源限制，按照气电装机高峰期超过 1000 万千瓦、碳中和期 600 万千瓦，生物质发电平稳增加至 2060 年 1500 万千瓦考虑，2060 年需要储能、煤电或外电支撑满足的有效容量需求仍有 1.1 亿千瓦。加之储能、外电支撑满足力量有限，煤电需要持续发挥兜底保供的重要作用。

山东省是我国的煤电大省，2022 年煤电装机占全国的 9.6%，接近 10%，2060年，山东省煤电装机约 4800 万千瓦，仍将会占全国煤电装机的 6%。

（3）是否需要新增外电入鲁，取决于沙戈荒定制化新能源开发技术研发是否令其成本具有竞争性。

为保障中长期电力可靠供应、满足经济社会发展需求，需统筹省内外能源资源条件，目前山东省正在研究第五、第六条"外电入鲁"直流的送电规模和建设时序，送端起点初步考虑分别是蒙西和新疆地区，其中蒙西主要是库布齐和乌兰布和沙漠。沙戈荒地区新能源开发面临机组环境适应性要求高、机组大型化难度大、并网运维成本高三大难题，加之配备储能和煤电机组，再考虑输电成本，目前看落地电价与山东本省新建机组相比不具备竞争性。因此，在本情景中并无新增外电入鲁。

考虑到目前有新能源发电企业专门针对沙戈荒环境进行适应性提升研发，例如沙戈荒定制化风机造价预计减少 15%~20%，建设成本下降 5%~10%，年发电量提升 7%~10%，维护成本下降 10%~20%，则沙戈荒风电度电成本可能降至 0.15~0.2 元/（千瓦·时）。"十六五"期间内，山东省本地新建度电供应成本为 0.37 元/（千瓦·时），若蒙西至山东整体落地成本能低于此，新增"外电入鲁"通道容量将替代相应山东省本地煤电规模。否则，2060 年前都不需要第五、第六条"外电入鲁"通道。

（4）山东省肩负着建设绿色低碳高质量发展先行区的重大历史使命，电力碳排放随着煤电机组延寿后退役自然 2030 年前达峰。

山东省是我国重要的工业基地和北方地区经济发展的战略支点，是全国唯一拥有 41 个工业大类齐全的省份。这也使其成为我国的二氧化碳排放大省，碳排放总量约占全国的 1/10，其"双碳"路径直接影响全国碳减排。2022 年 8 月底，国务院印发《关于支持山东深化新旧动能转换　推动绿色低碳高质量发展的意见》。这是国家提出"双碳"目标以来，第一个以绿色低碳高质量发展为主题的区域战略，山东省被赋予深化新旧动能转换、建设绿色低碳高质量发展先行区的重大历史使命。

按照煤电机组服役期限 30 年、非供热煤电机组延寿 10 年考虑，山东省"十四五"前（含）存量煤电机组在"十六五"期间在役机组容量将会陡然下降 4500 万千瓦，将近存量煤电装机容量的 50%。这些煤电发电量将会由核电、新能源发电等替代，山东省电力二氧化碳排放量将会从 2030 年的 3.3 亿吨下降到 2035 年的 1.5 亿吨，即不考虑电力碳排放约束下的自然电力碳排放达峰情况。

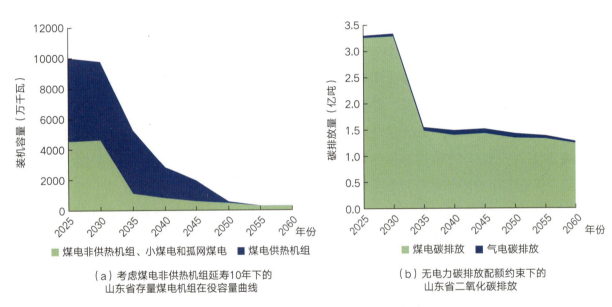

（a）考虑煤电非供热机组延寿10年下的　　　　（b）无电力碳排放配额约束下的
　　山东省存量煤电机组在役容量曲线　　　　　　　山东省二氧化碳排放

图5-2　山东省煤电机组延寿后退役及碳排放情况

表 5-1　2025—2060 年山东省存量煤电机组在役容量　　　　　　　单位：万千瓦

项目	2025 年	2030 年	2035 年	2040 年	2045 年	2050 年	2055 年	2060 年
煤电非供热机组、小煤电和孤网煤电	4530	4620	1110	810	600	480	300	300
煤电供热机组	5460	5130	4140	2010	1350	90	0	0
合计	9990	9750	5250	2820	1950	570	300	300

注　以 2025 年为第一个水平年，2024 年及之前的称为存量。

按照 2060 年近零碳排放的要求，山东省电力行业实现碳中和需要煤电和生物质发电加装 CCUS 装置，加装容量共计约 4300 万千瓦。其中，2060 年无碳排放约束情景将近 4800 万千瓦的煤电中，约 3400 万千瓦需要加装 CCUS 装置；此外，需要增加 CCUS 生物质发电装机容量 860 万千瓦额外捕集电力二氧化碳排放 0.32 亿吨。

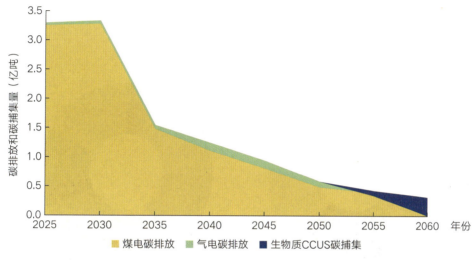

图5-3　碳中和阶段实施电力碳排放配额后山东省电力碳排放曲线

（本节撰写人：伍声宇　审核人：鲁刚）

5.2　湖南省

湖南发电能源资源相对缺乏，但作为国家产业转移的主要承接地之一，湖南仍具有较大的发展空间；此外，根据国家规划，"十四五"期间将建成华中特高压环网工程，从而能够对区外来电和各省电源进行统筹调剂和运行优化，加强华中区域整体性运作能力。因此，如何从调配好与华中相连电网及华中内部电网的能力角度出发，设计一条适合湖南省的转型道路，具有较强的现实意义。

（1）湖南发电能源资源相对缺乏，在严控煤炭消费总量的前提下仍需充分发挥煤电

基础保供和应急调峰作用，科学规划布局大型清洁煤电，推进现役煤电机组节能升级和灵活性改造。

湖南火电在今后一段时期内仍将保持一定增长，直到 2035 年才逐步达峰。由于湖南整体电力供需形势紧张，且灵活调节资源相对缺乏，火电作为重要的基础电源和调节电源，在未来相当长一段时期内仍将保持一定增速以保障电力供需平衡。湖南煤电由 2020 年的 1903 万千瓦增长到 2030 年的 4149 万千瓦，煤电装机占比 36%。2035—2040 年整体处于煤电峰值平台期，仅部分机组退役，该阶段煤电装机占比为30%~26%，整体来看湖南煤炭占比下降较慢。到 2060 年湖南煤电占比降至 14%。

湖南非化石能源装机占比稳步提升，到 2060 年风光等新能源装机超 50%。2030年、2060 年湖南非化石能源装机占比分别

提升至 56% 和 73%，分别较 2020 年提高1、13 个百分点。2040 年开始，湖南开始发展并投运核电机组，2040 年核电装机规模约 100 万千瓦，2050 年核电快速发展到1800 万千瓦，2060 年核电增加到 2500 万千瓦。届时，核电装机规模占比提升到 11%。

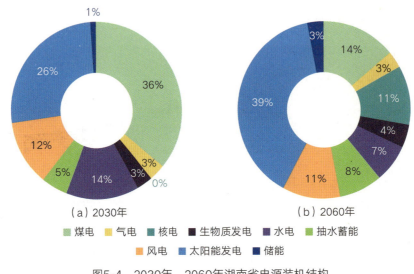

图5-4 2030年、2060年湖南省电源装机结构

（2）华中特高压环网的建成及省间互济方案是影响湖南"双碳"路径中电力保供的重要因素。

根据国家规划，"十四五"期间将建成华中特高压环网工程。长沙特高压交流工程建成投产后，祁韶直流送电能力得到提升，最大送电功率 800 万千瓦。2025 年湖南电网接受区外来电规模预计约 1376 万千瓦。祁韶直流和雅中直流 2025 年交易电量将分别达到 400 亿千瓦·时和 160 亿千瓦·时。届时可充分利用特高压交流作用，针对各省各月各时段盈亏情况，制定联动策略，对区外来电和各省电源进行统筹调剂和运行优化，加强华中区域整体性运作能力，协调优

化华中各省电能盈亏互补，提高区域内电源和电网的利用效率。

（3）湖南碳中和阶段降碳压力较大，要求在较短时间内实现快速降碳。

湖南发展将经历三个阶段，2020－2035年为平稳达峰阶段，2035－2050 年为深度减排阶段，2050－2060 年为趋近中和阶段。能源生产侧新能源占比不断提高，目前常规水电装机已达技术可开发容量的 90%，预计 2030 年达到 1700 万千瓦，此后维持不变。预计 2030 年煤电装机将达到峰值，装机规模为 3323 万千瓦，此后煤电逐步转型仅作为调峰电源。据测算，2060 年湖南至少需要 3000 万千瓦调峰火电，"双碳"约束

下预计将由煤电 1000 万千瓦 + 气电 / 氢电 2000 万千瓦组成。"双碳"目标下风电、光伏发电将大力发展，预计 2030 年、2060 年风光装机规模分别达 5000 万、1 亿千瓦。结合湖南资源禀赋，在煤电逐步退坡、气电只具备一定规模发展的条件下，唯有全力持续引入外来电力满足电量增长需求，预计 2030 年、2060 年分别需约 2200 万、6200 万千瓦的区外来电满足电力电量需求。至 2060 年，清洁电源装机占比约 80%；区外电量占比超过 55%，清洁能源电量消费占比约 80%。

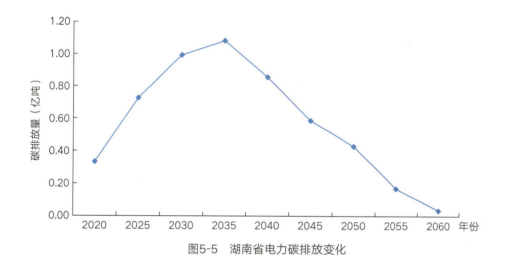

图5-5 湖南省电力碳排放变化

（本节撰写人：吴聪、张晋芳 审核人：刘俊）

5.3 辽宁省

辽宁作为我国老重工业基地的代表，经济发展较吉林、黑龙江和内蒙古更为超前，长期以来的重工业基础更使其成为"双碳"压力汇集之地。一直以来，辽宁钢铁工业都面临总量大、排放高、碳减排任务艰巨的难题。进入新发展阶段，辽宁经济的高碳特征依然存在，碳排放与经济增长尚未完全脱钩，绿色低碳发展面临着挑战。近年来，辽宁坚持生态优先、绿色低碳的高质量发展不动摇，围绕碳达峰碳中和目标，持续调整优化产业结构、能源结构、运输结构和用地结构，促进生产生活方式向绿转型。

辽宁地区工业基础和经济发展情况相对完善，因而成为东北地区产业接收较为理想的地区。随着部分产业尤其是劳动密集型产业的陆续接收，辽宁地区就业机会有所增加，人口外流得到遏止，新生儿和人口流入勉强抵消人口自然死亡造成的人口下降趋势。预计"十四五"之后才能保持稳定，最低值将在 3500 万人左右，并在后续年份稳定保持该人口规模。

（1）辽宁地区作为东北地区经济发展的

核心地区，需要周边省份对其碳排放权给予适当的倾斜。

不论是从产业经济发展基础来看，还是从地缘条件和区域发展定位等因素来看，辽宁省都将是东北地区经济发展的最强引擎，在碳达峰碳中和目标实施过程中，辽宁省承担着产业承接与转型创新的重担，也将是东北地区产值和碳排放规模最大的地区。此外，辽宁省在森林、草原等生态资源方面与其他地区有一定差距，其净排放水平也较其他地区更高，如不给予一定的碳排放预算支持，或在省内碳达峰碳中和进程中给予相对宽松的约束，其未来可能需要在 CCUS 等减排手段上支付大量成本，从而削弱产品竞争力，从而影响整个东北区域的经济发展。

因此，在给定东北区域碳预算的前提下，辽宁省需要其他省区给予碳排放权方面的补偿和倾斜，为其留有相对充裕的碳预算，以稳定辽宁省发展的能源成本，维持其作为东北地区经济发展核心动力的重要定位。

（2）辽宁省需充分发挥其电源多样化的优势，积极利用核电和海上风电助力实现电力供需平衡。

对于东北地区而言，仅辽宁省具备开发核电和海上风电的资源条件。随着煤电机组进入平台期和持续退役阶段，核电作为当前较为成熟的近零排放的常规电源，应跟进电力需求增长的趋势有序建设和投产，及时完成站址资源的开发，保证其在煤电增长受限且新能源 + 储能尚不足以支撑电力需求的过渡阶段及时发挥电力支撑作用。预计 2040 年之前，辽宁省的核电资源即达到

2560 万千瓦，考虑到辽宁省乃至东北其他省区不具备内陆核电开发的明显优势，预计在碳中和目标实现阶段，核电装机不会有新的增量。

风电方面，辽宁省预计 2045 年风电装机规模将达到 4500 万千瓦，接近辽宁省 300 瓦 / 米^2 以上技术可开发量 4732.7 万千瓦的上限，2060 年风电装机规模更是将达到 6000 万千瓦，将风电部署在风资源条件略差一些的地区，或将影响风电的经济性。因此，考虑到辽宁省作为东北地区唯一的沿海省份，充分利用海上相对优良和稳定的风能资源，开发海上风电将是辽宁省电力发展的重要手段，对于辽宁省的电力电量供应都有积极的作用。预计 2060 年，辽宁省的风电装机中将有 1000 万~2000 万千瓦为海上风电。

（3）考虑新能源、抽水蓄能和储能以及碳捕集等技术应用将带来额外成本，辽宁省需适度承担东北地区因能源转型带来的系统成本上升压力。

随着煤电增速的减缓，碳中和加速阶段开始，辽宁省不论是发电装机增量还是有效装机增量，都将以新能源发电为主，预计 2060 年，辽宁省风光发电装机规模将达到近 1 亿千瓦，占电源（不含抽水蓄能和储能）总规模的 65% 左右。考虑新能源出力的波动性和间歇性，必须配备足够的储能设备才能满足辽宁省电力支撑的需求。

然而，作为东北的区域性负荷中心，考虑到东北电网灵活互济机制的客观因素，周边省份的抽水蓄能和储能等调节资源也会让辽宁地区电力系统运行受益，加之辽宁省未

来仍将造成全东北地区最大规模的碳排放，因此，不论是储能和抽水蓄能，还是未来的CCUS等设备，都将依赖辽宁省支付其额外成本。

（4）考虑供热等基本需求，辽宁省仍将保留东北地区最大规模的煤电装机存量，对煤电延寿工作的依赖性较强。

当前，辽宁省人口为东北地区最多，且对人口吸引能力也相对较强，因此，未来辽宁省人口仍将在东北地区占据较大比重。相对较高的人口规模，带来更大的供热压力，

也为实现"双碳"目标增加了大量排放基值。与其他省区相比，辽宁省的生物质资源与周边省份相比没有明显优势，生物质供热等近零排放的供热形式在辽宁省的开发潜力也远不如吉林、黑龙江地区。加之辽宁省作为区域性负荷中心的定位，辽宁省在民生供暖和电力供需领域，对煤电需求也要高于其他地区。考虑到东北地区电力工业起步较早，以及近期煤电机组投产规模有限等因素，未来有必要对煤电机组进行延寿，以满足本地热电联产和电力支撑等工作的需求。

（本节撰写人：夏鹏、孙广增　审核人：刘俊）

5.4 新疆维吾尔自治区

从供给来看，新疆能源资源种类丰富且总量巨大，无论是煤炭、天然气等化石能源资源还是风光等新能源资源，都在西北五省区乃至全国名列前茅。同时，新疆还有较为丰富的常规水电和抽水蓄能资源，电源种类比较全面。由此可见，新疆电力双碳发展路径与能源资源开发模式和策略、多元化电源发展战略和定位等因素密切相关，更为复杂也更具有研究价值。从需求来看，新疆是西北地区电力需求最大的省区，用电量超过西北地区的1/3，全社会最大负荷快速增长，叠加跨省区外送通道的持续建设，未来电力保供挑战大，选取新疆作为研究的典型省区对于提供统筹电力保供和低碳转型样本具有重要意义。因此，西北地区选择新疆维吾尔自治区作为典型省区开展电力"双碳"发展路径分析。

（1）近期坚持煤炭基础能源与煤电主体电源地位不动摇，处理好煤电、光热、抽水蓄能等支撑性电源的协同和补位关系，加快布局煤电＋CCUS技术示范，远期打造"风光领跑、多元协同"的电源结构。

立足国情、省情和能情，近中期新疆应继续发展大容量清洁煤电，坚持系统观念，科学评估煤电增长需求。 中央经济工作会议强调"要立足我国以煤为主的基本国情，抓好煤炭清洁高效利用"，新疆煤炭资源丰富，居全国第一位，是我国十分重要的战略性煤炭资源储备区。为保障本地电力需求快速增长和外送规模持续提高下电力供应的安全充裕，新疆仍需发展一定规模的煤电。但需处理好碳达峰和碳中和、短期和中长期的关系，提前考虑光热和抽水蓄能规模化发展对煤电的补位和替代作用，系统科学评

估煤电增长需求，避免超装带来政治、经济和减排压力。预计新疆煤电装机规模在"十六五"期间达到峰值，峰值约 1 亿千瓦。

新疆二氧化碳地质封存潜力大，源汇匹配条件良好，适合开展火电 CCUS 改造，近期应加快布局示范。 新疆二氧化碳地质封存潜力居全国首位，准噶尔盆地、塔里木盆地、吐鲁番—哈密盆地附近均有适于 CO_2 强化驱油的油田，同时咸水层封存潜力巨大。从源汇匹配情况来看，封存潜力较大的地区附近集中分布着一批煤电厂，适宜优先开展火电行业部署 CCUS 技术的集成示范项目，推动 CCUS 技术大规模商业化发展。2040 年前后，新疆实现火电 CCUS 改造的规模化应用，到 2060 年，新疆煤电和气电碳捕集量分别达到约 0.1 亿吨和 0.05 亿吨。

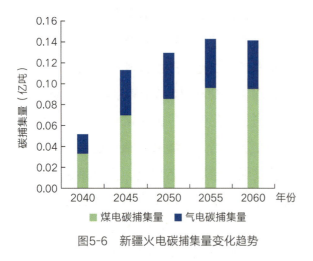

图5-6 新疆火电碳捕集量变化趋势

推动新疆电源装机结构逐步从"以煤为主"向"风光领跑、多元协同"格局演进。 2030 年，煤电仍是新疆电力系统中装机规模最大的电源，装机占比达到 36%；碳达峰后，煤电装机规模逐步下降，到 2060 年系统保留约 800 万千瓦煤电，发挥灵活调节和应急备用功能。新疆风光资源储量丰富，

"双碳"目标下风电和光伏发电装机容量将快速增长，光热发电随成本持续下降也将在 2030 年后实现较快发展。新疆天然气资源富集，占全国总资源量的 1/5，但受气价影响，新疆对气电承受能力有限。因此，碳达峰后可适当发展气电（装机规模约 300 万～600 万千瓦），提高本地电力保供和调节能力。2060 年，新疆将形成风光领跑，煤、水、气协同的多元化电源格局，常规水电、抽水蓄能、煤电、气电、风电、光伏发电、光热发电和新型储能的装机规模占比分别达到 1.8%、2.7%、1.2%、0.5%、25.1%、41.1%、12.8% 和 14.8%。

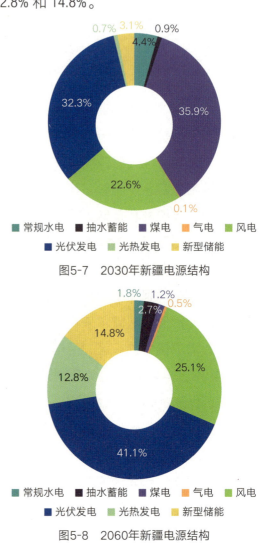

图5-7 2030年新疆电源结构

图5-8 2060年新疆电源结构

（2）着眼南疆特殊重要的战略定位，发挥新能源资源优势，打造"内供、外送、就地转换"为一体的南疆新能源供给消纳体系样板。

新疆一盘棋，南疆是"棋眼"，南疆之重，重在战略区位、资源丰富和乡村振兴。南疆是中国向西开放的大通道和"桥头堡"，影响辐射中亚、西亚和南亚，幅员辽阔，光资源丰富。通过大力开发光伏电站，科学利用水资源，合理布局工业和城市，推动光伏发电与精微灌溉特色农业、先进工业制造和城镇建设相融合，走出以光伏开发为引领的南疆特色现代化道路。

南疆清洁能源资源丰富、电价优势明显，做好南疆新能源开发是推动全疆电力低碳转型、助力全国碳中和的必由之路。南疆光伏技术可开发量为 21 亿千瓦，占全疆的 80% 以上，经济可开发量达 5 亿千瓦，主要分布在巴州—阿克苏、塔里木南缘地区。南疆光伏电价优势明显，从 2022 年光伏指导价来看，南疆光伏上网指导价为 0.2423 元 /（千瓦·时），是青海的 76%、西藏的 49%。南疆土地广阔、使用费低，随新能源建设用地难度增加，光伏竞争优势将更加明显。南疆地区水资源丰富，抽水蓄能站址达 20 余座，装机容量超 2000 万千瓦，能够提供大规模调节潜力。

建设环塔里木南部、喀克和、塔中三大清洁能源基地和巴州北部调节基地，打造"内供、外送、就地转换"为一体的南疆新能源供给消纳体系。其中，喀克和定位于内用基地，保障南疆本地电力供应；环塔里木

南部定位于电力外送基地，保障中东部和西南地区电力供应；塔中定位于电制氢基地，依托"西气东输"四线工程向东中部输氢。通过大规模建设光伏电站，就地开发水电及抽水蓄能，就近开发清洁高效煤电，构建南疆清洁能源供应体系，提升南疆清洁能源消纳利用水平和电力供应保障能力。

（3）新疆以能源消费和碳排放晚达峰支撑全国碳达峰，需要在碳排放配额分配和核算中给予倾斜。

新疆工业化水平不高，未来将持续推动工业强基增效和转型升级，全面提升工业现代化水平。预计"十四五"及中长期新疆经济依然保持较高增长速度，GDP 增速高于全国平均水平。这对终端和一次能源消费增长提出更高要求，预计终端和一次能源消费将于 2035 年前后达到峰值，晚于全国平均达峰时间。一次能源消费中，煤炭占比显著高于全国平均水平，主要用于发电和供热。未来，发电行业将通过电能替代方式承担更大的减排责任，减少终端用能部门的直接碳排放。预计新疆电力碳排放将在"十六五"期间达峰，峰值约 3.3 亿吨，之后进入缓慢下降阶段，2040 年通过规模化加装 CCUS 设备实现电力净排放的快速下降，2060 年实现电力近零排放。

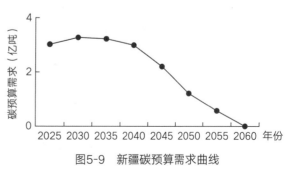

图5-9　新疆碳预算需求曲线

（本节撰写人：吕梦璇　审核人：伍声宇）

5.5 四川省

四川是水电大省，预计到 2025 年，四川省水风光装机发电量仍将保持全国第一，具备打造全国最大的水风光一体化可再生能源综合开发基地的发展潜力。同时，四川是西南地区产业转移的重点地区，国家打造经济增长极成渝经济圈以及产业逐步西移将推动西南电力需求刚性增长，需要更大的碳排放空间。

（1）随着非化石能源装机占比稳步提升，水电和太阳能发电将成为装机容量最大的电源。

2030 年、2060 年四川省非化石能源装机占比分别提升至 85.7% 和 88.9%，分别较 2020 年提高 1.5、4.7 个百分点。2020－2060 年期间非化石能源发电量占比持续提升，2030 年非化石能源发电量达到 7000 亿千瓦·时，占比 87.1% 左右，新能源发电量约

510 亿千瓦·时，占比从 2020 年的 2.7% 提高到约 6.4%。2060 年非化石能源发电量达到 8100 亿千瓦·时，占比 89.2% 左右。为满足经济社会发展用电的需求，2020－2060 年完全依靠非化石能源发电难以做到，约 90% 的新增发电量为非化石能源发电。

水电方面，2030 年水电总装机规模 1.3 亿千瓦，占比约 64.4%，2060 年水电总装机规模 1.48 亿千瓦，占比约 45.3%，分别较 2020 年下降 13.7、32.8 个百分点。新能源发电方面，预计 2020－2030 年增长超过 2900 万千瓦，2030 年装机规模达到 3500 万千瓦，占比达到 17.6%。2030－2060 年增长超过 6500 万千瓦，2060 年装机规模达到 1 亿千瓦，占比达到 32.1%，其中太阳能发电装机规模 8500 万千瓦，成为仅次于水电的第二大电源。

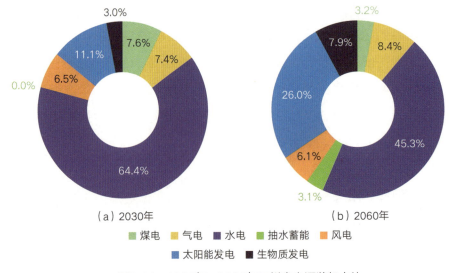

图5-10　2030年、2060年四川省电源装机占比

（2）四川是天然气蕴藏丰富的一个省份，即便在碳中和阶段，天然气发电在电力保供中的地位也难以替代。

天然气发电的碳排放量不到煤电的一半，作为最现实的发电替代品，是相对清洁的优质电源，2060 年之前，四川省水电资源将开发殆尽，考虑到电力保供需要，要抓住窗口期加大气电发展力度，中远期通过加装 CCUS 装置向"脱碳气电"转变。预计 2030 年、2060 年气电装机规模分别达到 1470 万、2770 万千瓦，占比 7.4% 和 8.5%。未来应逐步扩大发电用气比重，解决气电发展面临的气源紧张、成本疏导空间有限等问题。

（3）雅鲁藏布江下游水电开发主要影响四川省碳中和阶段，扩大向四川省的送电规模可进一步替代煤电气电，同时减少新能源和配套储能需求，电力低碳转型成本更低。

《中华人民共和国国民经济和社会发展第十四个五年规划和 2035 年远景目标纲要》提出，建设雅鲁藏布江下游水电基地。预计 2040 年后，有望雅鲁藏布江下游水电送至四川省。若送电规模不及预期，考虑到四川省水电和新能源资源潜力有限，将会扩大煤电、气电需求规模，从而对 CCUS、储能等新技术提出更为迫切的要求，增大四川电力系统低碳转型压力。

（4）对于以水电为主的四川电力系统，CCUS 技术对进行碳减排仍然至关重要，若 CCUS 不能实现技术突破和规模化商业应用，实现"双碳"目标将面临重大考验。

四川电力系统碳排放有望于 2030 年前达峰，发电二氧化碳排放占比持续提升。预计电力碳排放峰值约 6000 万吨，电力行业将承接其他行业转移的碳排放，碳减排的任务和压力更大。

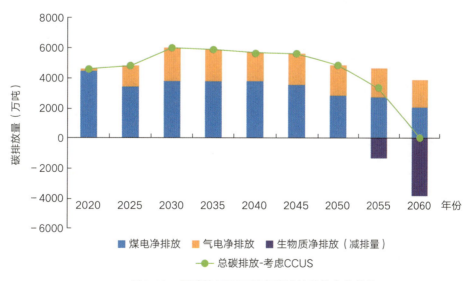

图5-11 零碳情景下四川省碳排放结构变化趋势

预计 2045 年，四川省电力系统净排放 5600 万吨。2060 年，四川省仍然需要保留一定规模的煤电和气电，煤电和气电 CCUS 改造规模达到 1300 万千瓦左右，年碳捕集量达到 1100 万吨，生物质 CCUS 改造规模达到 700 万千瓦左右，年碳捕集量达到 2700 万吨，电力系统实现净零排放。

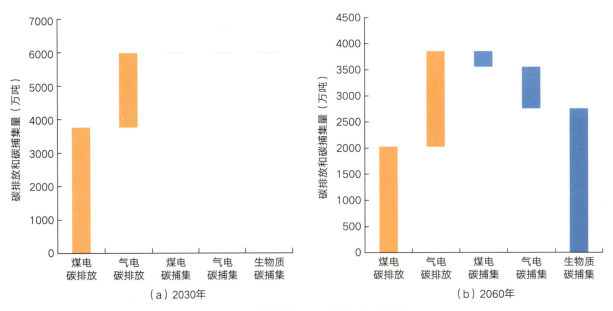

（a）2030年　　　　　　　　　　（b）2060年

图5-12　零碳情景下四川省电力碳平衡

（本节撰写人：孙广增、夏鹏　审核人：王炳强）

6 >>>
重要政策支撑

6.1 国家层面政策

从国家层面来看，区域碳达峰碳中和的重要政策支撑主要包括两个方面：中央到地方的分配问题和地方与地方之间的协作问题。

对于中央到地方的分配问题：

一是尽快明确碳配额分配原则和结果，碳达峰时期应该尊重不同地区的发展基础，包容地区间的发展差别，更多按照强度而非总量进行考核。当前，碳排放配额在各地区之间的分配问题是社会各方的核心聚焦，模糊不清的政策导向也容易再次催生"碳冲锋"、运动式"减碳"等现象。因此，国家层面需要尽快明确碳配额的分配原则和结果。另外，在碳达峰时期，考虑地区间迥异的发展基础与发展差别，更重要的是各地区后续的发展需求，碳配额的分配需要既有考核刚性又有考核弹性，优先考核能耗强度、碳排放强度等指标。

二是对于绿色电力对区域更加平衡发展的促进作用，不可高估但也要尽力引导，特别鼓励高耗能低排放产业向西部转移，适当放开西部部分省份的能耗总量控制约束。绿色电力能够将西部、东北区域的清洁资源优势转化为产业优势、环境优势，从而引导区域产业分工体系与比较优势的更快更好发展。从调研情况来看，目前东部企业受此影响进行转移的规模仍较小，未来仍需要利用市场的手段加快引导。特别是，为了保证西部地区有足够的产业承载力，需要适当放宽西部部分省份的能耗总量控制约束。

三是碳汇资源作为电力碳中和的有效补充，不应纳入属地管理，需要统一纳入全国碳交易及市场体系，以增强属地的碳汇增长内生动力。在我国坚持山水林田湖草沙一体化保护和系统治理、构建从山顶到海洋的保护治理大格局下，我国碳汇总量在不断增加，这将对实现碳中和不断起到积极推进作用。目前，本研究不考虑碳汇影响，按照电力行业自身实现碳中和进行测算；事实上，未来碳汇将成为电力行业碳中和的有效补充，为电力行业降碳提供弹性和裕度。目前，我国各区域碳汇资源分布不均，川渝藏云贵桂区域明显高于其他区域。为了最大限度地发挥碳汇的作用，将碳汇充分纳入碳交易及市场体系中，促进碳汇价值发现，保证碳汇增长动力充足。

对于地方与地方之间的协作问题：

一是建立地区性的能源协同管理机制或组织，从而实现小地理范围更好地自治、大地理范围更好地协作。小地理范围主要是指城镇、园区层面，需要就地就近发展小微化、分散式的自治能源电力系统，从而能够充分开发、调动本地的需求侧资源、清洁能源资源，实现基础性的本地能源电力保供。大地理范围主要是指多省份、多区域，需要坚持全国"一盘棋"，继续深化多区域间的能源合作，更多共享各地间的灵活裕度，更经济地应对尖峰负荷与极端天气。比如对于长江流域，需要强化流域水工程统一联合调度，加强跨区域水资源丰枯调剂，提升流域防灾减灾能力。

二是跨区输电通道是适配区域协调发展的重要抓手，需要在东西方向与东北方向上

做好布局，促进跨区输电通道发挥保障电力供应安全与留好产业转移裕度的双重作用。考虑产业转移的时序与规模存在不确定性，跨区输电通道是一种既能缓冲产业转移不确定又能保证在这个过程中电力安全稳定供应的一种方式。中远期，仍需在重点方向上优化跨区输电通道的布局，其一是在长江流域的西南、华中、华东区域之间，这既是送受端的关系，也是产业转移的主要方向；其二是考虑东北全面振兴战略，也需要在东北与关内之间，优化布局一批跨区输电通道。

三是深化要素市场化改革，更好地优化绿色电力资源的流动和分配，推进电力送、受端的生态共同体和利益共同体建设。绿色电力环境属性更加突出之后，各区域对其竞争将更加激烈。需要提前结合电力市场化改革与碳交易体系建设，布局好对绿色电力的要素市场改革，保障其流动的通畅性与便利性。特别考虑中远期西部送端将面临电力常态化供需紧张，送端惜售问题将持续存在，更需要健全资源输出地和输入地之间、生态保护地和受益地之间等的补偿机制和生态产品价值实现途径，形成电力送、受端的生态共同体和利益共同体。

（本节撰写人：冯君淑　审核人：伍声宇）

6.2 区域及典型地区层面政策

6.2.1 华北区域

（1）发挥华北地区科技创新优势，激发脱碳、零碳、负碳及碳捕集技术的关键作用。

当前，华北地区煤电总装机容量超全国的 1/5，即便在碳中和阶段，仍需要煤电发挥兜底保供的重要作用，延续煤电大区的定位。华北地区 2030 年开始就需要进行显著碳捕集，从煤电机组 CCUS 改造规模来看，2030 年、2060 年需分别达到 3000 万、1.32 亿千瓦。考虑到华北地区电力减排责任重、生态汇碳能力差，拥有自主创新的重要源头和原始创新的主要策源地发展定位，为实现全国对华北地区碳减排路径要求，必须激发科技创新的关键作用，有效促进 CCUS 规模产业化，发挥脱碳、零碳、负碳及碳捕集技术的关键作用。

（2）有序实现资源依赖型产业的用电领域电气化变革。

一是重点关注传统高耗能行业，尽可能地推动低碳技术的研发和应用，同时淘汰落后产能，特别是在钢铁、水泥、玻璃、氧化铝和电解铝、焦化、煤化工等领域。有序推进电能替代，提高生产效率，降低碳排放。二是加速引入高附加值制造业，特别是高新技术产业和高端制造业，有助于推动经济转型的同时，助力能源高质量发展。三是考虑迁出部分金属冶炼、非金属矿物制品等传统高耗能行业，推动经济动能转换。

（3）着眼目标网架，稳妥推动华北电网加大受入，内部格局从西电东送向跨季互济

转型。

目前，山西向东输送电力，京津冀和河北南网承担着枢纽作用，山东接受京津冀和河北南网转移电力。未来，为满足负荷增长需求，京津冀、河北南网和山东省需要加大从西北、东北和内蒙古受入规模，且随着冀北张家口、山西晋北、河北南部光伏发电，以及山东核电、海上风电大规模发展，山西省化石能源发电规模受限，华北区域内部将呈现西电东送向跨季互济的格局转变。

（4）需充分考虑各省市所处社会发展阶段、碳排放规模量级迥异，宜一省市一策。

结合华北各地的实际情况和发展阶段，量身定制碳达峰的时间表和实施路径。北京市和天津市已经达峰或达峰难度小，建议加大实施碳减排措施，为其他省市提供示范经验。考虑到河北省、山西省和山东省工业规模和碳排放量较大，因此在碳达峰、碳中和路径上，注重技术创新、结构调整，逐步降低碳排放水平。

6.2.2 华东区域

（1）着眼于一盘棋整体谋划与发展，进一步发挥上海龙头带动作用，苏浙皖各扬所长。

整体来看，长三角一体化发展是促进华东整体更早达峰、更好中和的关键路径，需要更多发挥一体化机制的作用，重点协调好"江浙沪"与安徽之间产业及电力资源的统一优化配置。避免地市发展冲动下的产业恶性竞争与重复建设，避免市场分割，发挥好规模优势和集聚效应，形成分工合理、优势互补、各具特色的协调发展格局。

（2）持续完善电网主干网架结构，提升地区互联互通水平，提高区域电力交换和供应保障能力。

持续完善电网主干网架结构，提升地区互联互通水平，提高区域电力交换和供应保障能力。推进电网建设改造与智能化应用，优化皖电东送通道和江浙沿海电源接网送出通道建设，支持安徽打造长三角特高压电力枢纽，有助于实现电力供应的可持续性和安全性，为华东地区创造更加稳定的电力环境，为工业生产和居民生活提供更可靠的电力支持。

（3）华东地区土地、人力、绿色电力等要素更为稀缺，更需做好统一资源配置，让市场在资源配置中起决定性作用。

以价格机制为基础统一协调和配置资源，目前长三角地区土地、人力、绿色电力等要素更为稀缺，更需做好统一资源配置，让市场在资源配置中起决定性作用，使稀缺的资源要素被配置到效率更高、效益更大的部门、地区和市场主体中。此外，通过价格机制可以激励企业和个体选择更环保、更高效的能源，推动清洁能源在整个能源结构中的比重提升。

（4）充分发挥地方自治能源系统的保供作用，探索区域能源调度中心。

提升地方政府在电力保供和转型方面的治理效能，加强对各类综合智慧能源基础设施的规划布局。地方政府可以通过科学规划，合理布局电力设施，确保电力供应的充足和高效。应充分发挥地方自治能源系统的保供作用，通过地方自有能源资源的整合和优化利用，提高电力的稳定性和可持续性。

6.2.3　华中区域

（1）清洁发展火电，充分利用水电、风电、太阳能发电和生物质发电资源，加快建设调峰电源。

清洁发展火电。充分利用浩吉铁路等运输能力，大力推进一批大型清洁高效煤电建设。加快建设神华永州电厂、华电平江电厂、神华华容电厂、怀化石煤电厂等已核准电源；重点推进株洲电厂退城进郊、石门电厂三期、益阳电厂三期、浏阳电厂、湘南电厂、汨罗电厂、岳州电厂等大型电源的前期工作，尽快核准，力争"十四五"及后期陆续建设投产。

稳定基本水电。推进凤滩新增、柘溪增容、五强溪扩机、东江扩机工程。

科学有序发展新能源。在满足环保、林业前提下，充分考虑负荷发展水平及电网消纳能力，优化风电、光伏等项目建设布局。

加快建设调峰电源。一是积极推进抽水蓄能电站建设，加快平江抽水蓄能电站建设进度，尽快投产；开展安化等抽水蓄能电站前期论证工作。二是大力推进火电机组灵活性改造，降低火电机组最低技术出力。有序推动燃煤自备电厂煤改气，推进天然气发电替代燃煤发电。

（2）加快推动跨省跨区联络通道的建设。

充分发挥区域电网的资源配置作用。随着华中特高压环网的建成，华中电网资源配置能力进一步增强。建议充分利用特高压交流作用，针对各省各月各时段盈亏情况，制定联动策略，对区外来电和各省电源进行统筹调剂和运行优化，加强华中区域整体性运作能力，协调优化华中各省电能盈亏互补，提高区域内电源和电网的利用效率。

（3）加强产业转型升级和需求侧管理，提升负荷侧灵活响应能力。

加强负荷管理顶层设计，完善需求响应激励政策，出台需求响应资金补贴等激励政策，明确需求响应补偿资金来源，提升补偿标准，优化补偿方式，例如地方政府财政给予额外补贴，形成省、市、县叠加激励效应，促进需求响应资源池拓展。加大高耗能企业政策引导力度，探索"碳交易税"与高耗能市场交易相结合的机制，完善用户侧储能价格机制，吸引高耗能企业自配储能；制定高耗能企业认定标准，出台科学通用的工业行业用电基础负荷测算方法，形成权威可信、易于操作的统一规范。研究出台可调节负荷价格形成机制，如居民生活用电峰谷分时电价、居民区充电设施分时电价机制等，推动需求侧资源参与辅助交易、现货市场、碳市场。

6.2.4　东北区域

（1）科学谋划煤电和新能源发展，夯实区域电力电量供应基础。

未来，东北地区煤电的定位将由电量主体逐步向基础保障性和系统调节性电源并重过渡，在该阶段，煤电不仅需要通过削减规模来为新能源跃升式发展腾出空间，而且还需提供必要的电力支撑和调节能力，更需肩负集中供热的艰巨任务。因此，需平稳有序推进新型电力系统建设，加速煤电高质量转型发展，有序淘汰煤电落后产能，合理利用优质存量资产。一方面，为电力安全稳定供应发挥提供兜底保障作用，科学谋划煤电转型退出路径，适时开展煤电机组延寿、退役煤电转为应急备用机组等措施。另一方面，需适应区域民生采暖发展趋势，结合人口增长速度和供暖需求的变化情况，保证供热机组按期投产，保障区域供暖"生命线"。

新能源方面，不断完善源网荷储一体化、海上风电、复合发电项目等相关配套政策，促进新能源跃升式发展。不断完善相关产业和技术的标准体系及管理体系，畅通投融资渠道，打造健全可持续的新能源产业链条。做好新能源发展与经济社会发展、国土空间规划和生态环境保护等领域的衔接，充分考虑东北地区在全国粮食、生态和能源安全中的复合定位，统筹协调新能源发展所需土地资源的保护和开发。

（2）推动友好型储能快速发展，提升系统调节能力，保障新能源发展与能源安全稳定供应。

抽水蓄能方面，建立由新能源承担抽水蓄能运营费用的分摊模式，新能源发电企业是抽水蓄能电站调峰作用的最大受益方，由新能源发电企业分担部分抽水蓄能电站的抽发损耗和容量电费的运营模式，体现"谁受益、谁承担"的原则。积极开展混合所有制试点工作，引入多元主体投资建设抽水蓄能电站，探索由风电等清洁能源企业配套建设或者放开抽水蓄能电站的建设和经营权。电化学储能方面，一是鼓励储能多元化发展；二是壮大储能产业体系；三是完善政策机

制；四是提升建设运行水平。

（3）充分释放零碳、低碳能源潜力，改善供热机组结构，持续降低清洁供热成本和优化供热价格机制。

加快构建基于煤炭、新能源电力、生物质直燃、燃气、地热和工业余热等形式的多元供热体系。持续提升清洁供热比例，推进燃气锅炉超低排放改造，因地制宜推广应用生物质、燃气和清洁电力替代以及建筑节能、余热回收利用等技术，提高热源和管网智能控制水平，通过直接或间接手段降低供热排放和能耗从而实现清洁供热。建立有利于清洁供热发展和发挥作用的价格机制，缓解热价与供热成本不匹配的矛盾，形成良性可持续的清洁供热体系。

（4）立足区域定位，筑牢我国生态屏障，在此基础上持续打造我国北方重要"碳汇高地"。

实体层面，充分发掘东北和内蒙古地区碳汇资源潜力，科学开展绿化和森林、草原等资源的保育工作，不断增加碳汇储量和再生能力。金融层面，积极推进碳金融建设，推动形成林业碳汇收储、抵押贷款、碳汇预期收益权融资、保险等碳金融产品，形成资源变资产、资产变资本、资本证券化、证券货币化的良性循环。

6.2.5 西北区域

（1）错位打造特色新兴产业集群，积极承接先进产业，推动产业融合发展，支撑电力需求增长预期。

引导西北五省区发挥自身比较优势，在打造特色产业集群过程中错位互补发展。例

如，陕西应着重打造高新技术、装备制造产业集群，甘肃应重点构建新能源和新材料产业集群，青海应做优做强特色生态农业、盐湖、新能源产业集群等。用好产业飞地和共建园区等模式，推动西北地区引进大项目、大企业带动产业链拓展延伸，加快西北与东部地区要素和商品流通交换。推动传统产业与新兴产业融合发展，鼓励引导龙头企业培育发展生物芯片、机械仿生等融合产业。持续优化制度环境和营商环境，提升城市吸引力。

（2）统筹保供和消纳，多措并举推动保供和消纳能力"双提升"，破解保供和消纳掣肘难题。

优先采用需求响应、跨省区支援互济、光热发电等对保供和消纳均有良好促进效果的措施。未来西北地区最大负荷快速增长，需求响应潜力巨大，兼具削峰和填谷作用，需用好用足需求响应。西北地区东西跨度广，最大负荷具有 3~4 个小时的时间差，新能源也具备良好的互补效应，应持续提升西北主网互济能力和灵活性，在保供的关键时间段内降备用运行。明确光热在西北地区支撑性调节性电源体系中的重要地位，大力发展光热发电，发挥光热发电新能源、同步机和储能三位一体优势，推动光热发电成本快速下降，建立"光热＋补燃"的常态化运行机制。

（3）统筹内用和外送，分阶段优化调整电力外送规模和占比，把握好自身发展和支撑东中部发展的关系。

主要分为三个阶段：

第一阶段：当前至 2030 年。这一阶段是沙戈荒大型风光电基地的起步和发展阶段，也是我国碳达峰的关键时期。西北五省区均大力建设跨省区电力外送通道，支持东中部地区碳达峰。同时，应夯实承接产业转移基础，通过示范区等方式辐射带动西北延伸产业链条、提升产业融合水平，做好软硬环境全方位保障。

第二阶段：2030－2045 年。沙戈荒大型风光电基地开发向深发展，外送格局由五省区同步外送转变为甘肃、青海和新疆外送为主，外送规模增长节奏适当放缓。同时，西北地区产业转移承接进入高速发展阶段，绿色电力供应进一步向本地倾斜，保障能力持续提升。

第三阶段：2045－2060 年。随着东中部电力需求总量增长进入饱和阶段，这一阶段外送规模也基本饱和，西北地区能源电力开发以本地自用为主，赋能西北地区现代化产业体系，支撑经济社会发展水平迈上新台阶。

（4）构建基于价值链的碳排放核算与认定体系，科学反映经贸往来和能源传输带来的区域间碳排放转移，合理安排西北地区碳排放配额。

从价值获取的角度核算生产、消费和产业链各环节企业的碳减排责任，基于减排责任划分碳排放配额。这样既可激励生产企业采用低碳工艺等提高自身减排积极性，也可推动产业链中下游企业选择碳排放更低的供应商，建成低碳价值链，还可充分实现碳排放责任承担与经济增长之间的协同，形成区域间公平发展、公平减碳的格局。

（5）把握风光发展节奏，统筹支撑性调

节性电源技术路线选择，合理控制成本上升；构建反映多元电力价值的电价体系，实现成本疏导。

2030 年前，支持西北地区再争取一批支撑性煤电，发挥电力电量双重保障作用，对新能源并网需求"降温"和成本上升幅度控制具有重要意义。基于电力、电量、调节和稳定，全方位考虑不同灵活性电源的综合技术经济性，据此安排灵活性电源规划建设。未来，随着新能源电量渗透率持续增长，电力供应总成本上涨带来的电价提高是大概率事件，需要做好相关科普宣传工作，获得社会认可和支持，构建"能量 + 容量 + 灵活调节 + 绿色"四位一体的电价体系，在西北地区大型风光电基地率先推行。

6.2.6 西南区域

（1）有序承接产业转移，推动产业结构优化升级。

强化产业转移与"双碳"路径协调性的顶层设计。 综合考虑四川省内不同地区经济发展、资源禀赋、电力供应能力等情况，优化产业类型、空间布局和发展时序，促进能源电力配置与产业转移协同发展。

加快清洁低碳产业发展。 把四川水电和天然气资源优势转化为低碳能源优势和经济优势，发展低碳、高附加值、高技术的产业集群，依托四川丰富的新能源资源，培育孵化新兴能源产业，布局前瞻性未来能源产业，开展碳捕集、利用与封存等重大项目示范。

推动各行业节能增效。 推进工业、建筑、交通、公共机构等重点领域节能，加快

钢铁、化工、有色金属等重点高耗能产业转型升级，淘汰落后产能，化解过剩产能，实施清洁能源替代，优化工艺流程，提高用能效率。

（2）推动供应侧多元化发展，提升电力供应保障能力。

统筹水电开发和生态保护，重点推进大型水电建设。 坚持生态优先、统筹规划、梯级开发原则，加快建设龙头水电站，控制中小水电站开发。2030 年以前，加快金沙江、雅砻江、大渡河等流域梯级水电站建设。2030 年以后，推进剩余水电站址资源开发，2040 年基本开发完毕。

有序规划建设风电、光伏发电、生物质发电等清洁能源，加快抽水蓄能与新型储能发展。 深入挖掘流域水风光互补特性，打造水风光一体化可再生能源综合开发基地。生物质发电方面，大力推动生物质掺烧，超前布局生物质碳捕集（BECCUS）技术进步，力争到 2050 年生物质 CCUS 改造规模 350 万千瓦，2060 年达 700 万千瓦。加快抽水蓄能与新型储能建设，预计 2030 年、2060 年两者装机规模将分别达到 950 万、2500 万千瓦以上。

适度发展天然气发电，努力促进火电低碳转型。 稳步推进四川气电建设，做好发电用气气源保障，中远期煤电逐步减退，气电承担调峰作用。加快 CCUS 改造等技术创新突破，加速产业规模化应用，2045 年后通过配备 CCUS 装置，抵消用于电力调峰的煤电和气电碳排放量。预计 2045 年、2060 年煤电和气电 CCUS 改造规模将达到 200 万、1300 万千瓦以上。

加强四川与西北、西藏等地跨区跨省通道建设。 2030 年以前，加快陇电入川、疆电入川等特高压直流工程。2030 年以后，新增两条特高压直流输电通道实现与西北省份火风光电源的跨区互济。2040 年后，积极争取雅鲁藏布江下游水电送至四川。

（3）加强市场机制建设，积极促进资源优化配置。

加快容量市场建设，完善辅助服务市场设计，合理补偿市场主体参与系统调节收入。 以容量补偿机制起步，循序渐进推进容量市场建设，逐步引入包括火电、负荷侧资源、储能等多元容量资源参与市场。细化辅助服务市场设计，丰富辅助服务市场交易品种，合理补偿市场主体参与系统调节收入。

推进碳市场建设，实现碳市场和电力市场的高效协同。 积极争取将四川省水电资源纳入全国碳市场联合建设，将水电资源优势转化为产业和经济社会发展优势。在市场范围、推进进程、市场空间、价格机制等方面做好电力市场和碳市场的衔接。

6.2.7　南方区域

（1）进一步加强南方五省区电力供应保障能力，加大加快电源建设力度。

充分深挖区内电源开发潜力，大力发展新能源，加快沿海核电建设，积极推动云南龙盘等后续水电建设，切实提高云贵省内电煤保障能力。将新能源场站储能作为标准配置，提升新能源机组涉网性能。合理配置常规调峰应急电源，加快抗灾保障电源布局建设和功能配置。

（2）统筹规划西南、北方清洁能源基地开发并送电南方电网。

加强能源资源跨省区优化配置的统筹协调，接续西电东送或直送负荷中心。考虑跨省区输电工程涉及省区多、工作周期长，建议国家将藏东南至粤港澳大湾区两回特高压直流作为开工建设项目、将北方清洁能源基地（蒙西、陕北、甘肃河西、青海海西等）至南方区域送电工程和西南清洁能源基地至南方区域送电工程作为研究论证项目纳入国家"十四五"电力发展规划，争取尽快开工建设。

（本节撰写人：伍声宇、冯君淑、吕梦璇　审核人：郭健翔）

附录　本报告所用模型工具简介

本报告应用国网能源电力规划实验室自主研发的"中国能源经济环境系统优化模型"和"多区域电源与电力流优化系统GESP"开展能源电力转型路径优化和量化分析。

中国能源经济环境系统优化模型能够基于中国能源经济环境系统优化模型开展中长期终端、一次能源需求预测，刻画重点部门碳减排路径和"经济—能源—环境—排放"等多系统相互影响的联动效应。终端需求预测方面，构建工业、建筑、交通、农业四部门模型，实现"双碳"目标约束下中长期终端用能的定量分析预测；一次能源发展方面，在终端能源需求预测基础上，考虑能源加工转换环节投入和损失进行测算；碳减排方面，研究工业、建筑、交通、农业、能源等部门的碳排放路径分析，刻画"经济—能源—环境—排放"等多系统联动影响效应。

多区域电源与电力流优化系统GESP以含新能源的多区域电力规划模型为核心，综合了电力需求预测、电源规划、生产模拟、政策分析等系统工具，可开展电源发展规模布局、电力流向规模、传统电源CCUS改造碳捕集规模和电力碳减排路径优化分析。

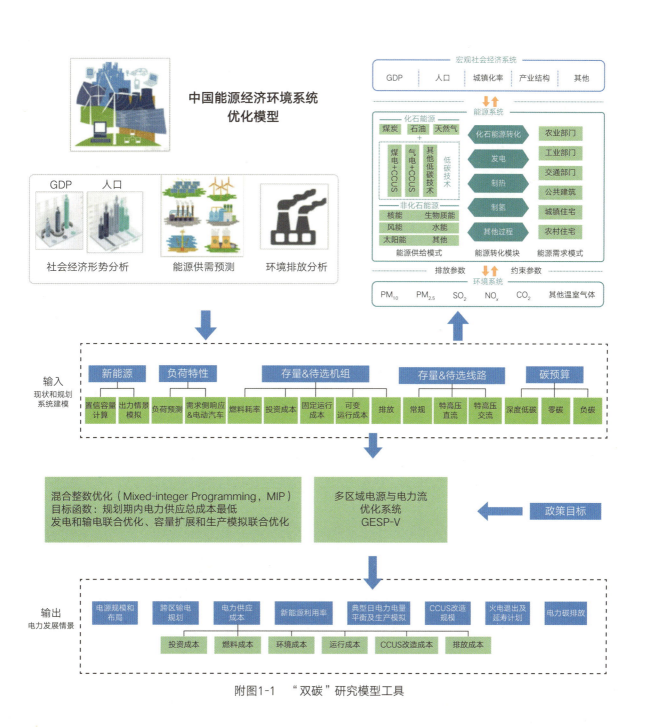

附图1-1 "双碳"研究模型工具

致 谢

《中国能源电力发展展望 2023》期望以更专门的视角呈现给大家。只有引发更多的思考和交流，才能寻找更好的解决之道。谨此诚挚感谢以下专家对本报告的框架结构、内容观点提出宝贵建议，对部分基础数据进行审核把关（按姓氏笔画排序）：

马 雪	马克睿	马瑞光	王 丹	王 鹏	王声开	王能全
王博闻	韦东妮	石广明	叶 强	史鹏宇	冯 帆	兰 莉
吉 星	庄侃沁	孙 强	苏 鹏	苏利阳	李斯吾	杨昌海
佘 新	邹知斌	辛昊阔	张 哲	张 琳	周 勇	项康利
胡兆光	姜明磊	娄志峰	贾健雄	高 强	康重庆	鲁 宇
曾 鸣	翟旭京	薛万磊	薛贵元			